COUPÉ COUSU®

IDÉES COUTURE EN PAPIER VEGAN

Créations en similicuir végétal

Karin Roser

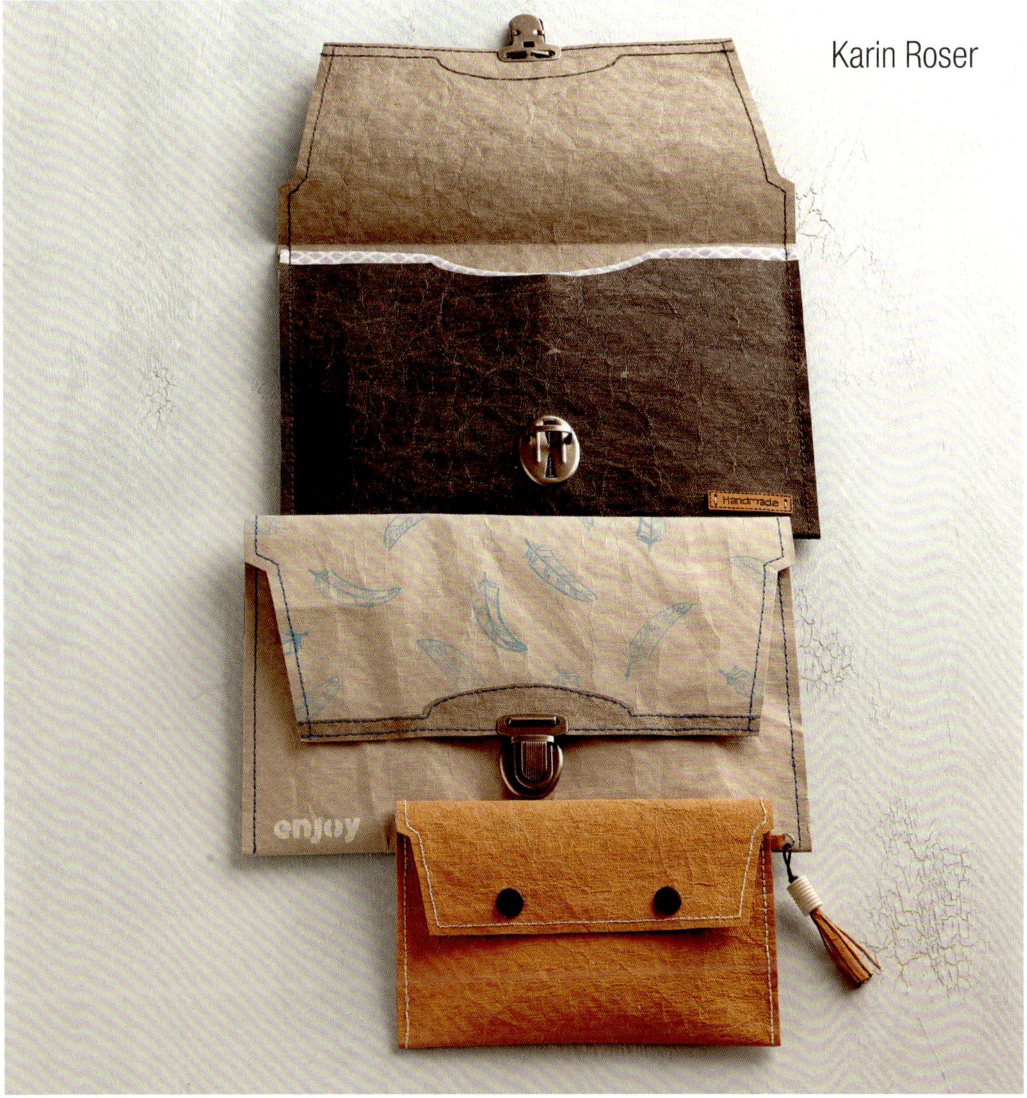

les éditions de saxe

LE MOT DE L'AUTEURE

Le Vegatex, vous n'en avez jamais entendu parler ?
Cela tombe très bien que vous teniez ce livre entre vos mains,
parce que, pour les créatifs, impossible aujourd'hui de passer à côté
de ce matériau tendance qui ressemble à du cuir !

Disponible en trois finitions différentes, sa surface peut être lisse,
grainée ou d'aspect vintage selon le procédé de fabrication.
Ses qualités exceptionnelles et son apparence proche du cuir
lui valent souvent l'appellation de « cuir vegan ».

Ce matériau durable est composé d'un mélange extrêmement solide
de papier et de plastique rigide qui résiste aux sollicitations les plus
importantes. Il se prête donc à merveille à la fabrication de sacs,
porte-monnaie, bracelets, objets de décoration et de bien d'autres
choses encore. Le Vegatex permet aussi de réaliser des constructions
avec des angles, des boîtes par exemple, qui conservent parfaitement
leur forme même sans entoilage. Selon la technique utilisée,
ce matériau peut changer radicalement d'apparence.
Il peut être lavé, repassé, cousu, (en)collé, brodé, imprimé, coloré,
peint, tamponné, embossé, poinçonné, plié, tressé, etc.
Bref, ses propriétés exceptionnelles en font un produit polyvalent
qui peut servir à réaliser une multitude de projets.
Il est une source d'inspiration inépuisable et permet de fabriquer
des objets uniques ! Même avec les modèles les plus simples,
comme les tapis de souris, vous êtes sûre de produire un maximum
d'effet pour un minimum d'effort.

Et maintenant, c'est à vous d'essayer… Mais attention, le risque
d'addiction est grand !

Créativement vôtre,

Karin ROSER

SOMMAIRE

**Niveaux de difficulté
des modèles**

⊛ débutant

⊛ ⊛ débutant-intermédiaire

⊛ ⊛ ⊛ expérimenté

5

CARACTÉRISTIQUES

Qu'est-ce que le Vegatex ?

Ce nouveau matériau ressemble un peu aux étiquettes que l'on trouve généralement à l'arrière des jeans au niveau de la ceinture.
Le Vegatex est 100 % végétal, il ne nuit ni à l'environnement, ni à la santé et peut sans problème être utilisé pour fabriquer des jouets pour enfants. Il est composé d'un mélange de papier et de plastique (cellulose et latex) indéchirable et rigide. Il ne se détend pas et ne décolore pas. L'endroit comme l'envers du Vegatex peuvent être visibles sur le modèle fini. La surface résiste aux frottements, elle ne peluche et ne bouloche pas.
Autres caractéristiques intéressantes : il n'y a pas de droit-fil à respecter au moment de la coupe, l'entoilage, les ourlets et autres surfils sont superflus et la pose de fermetures à glissière est très facile.
Les généralités techniques (page 52) offrent toutes les informations nécessaires pour bien utiliser ce matériau et le travailler en toute facilité.
Le Vegatex est fabriqué en Allemagne.
Il est très léger (environ 350 g/m²), il a une épaisseur de 0,55 mm et est disponible en trois qualités sous forme de feuilles enroulées dans les dimensions suivantes : 37,5 x 50 cm, 50 x 75 cm, 75 x 100 cm et 100 x 150 cm.
Les Vegatex « Basic » et « Effekt » sont disponibles dans les couleurs suivantes : blanc (Weiss), Sahara, marron (Braun), pierre (Stein) et noir (Schwartz).
Le Vegatex « Vintage » est proposé en sable (Sand) et en gris (Grau).

En France, vous pouvez acheter du Vegatex sur opitec.com, Etsy (Makemonsterco, papier vegan), Buttinette (sous ursus vegatex) et sur tissus-hemmers.fr (sous snap pap dans similicuir).

CONSEIL

Si vous ne disposez que d'une petite feuille (37,5 x 50 cm) ou de chutes, mais que vous souhaitez réaliser un projet de plus grande ampleur, il suffit d'assembler plusieurs petits morceaux de Vegatex pour obtenir une surface plus importante. Dans ce cas, coudre les bords, envers contre endroit, pour obtenir une couture bien plate et utiliser de préférence un point et un fil décoratifs pour créer un objet vraiment unique !

Le Vegatex « Basic » ressemble à du papier cartonné épais, il est assez rigide. Sur l'endroit, il est presque lisse, ou à peine texturé ; sur l'envers, il est complètement lisse. Le lavage (voir page 52) lui donne une structure proche du cuir, un peu comme le Vegatex « Effekt », mais moins uniforme. Quand on le froisse vigoureusement, il prend un aspect usé intéressant. Il devient plus souple, ce qui permet de le coudre et de le manipuler plus facilement.

Le Vegatex « Effekt », appelé aussi « grainé », est disponible en cinq couleurs différentes. L'aspect cuir noble est obtenu par un procédé de fabrication spécial au terme duquel les deux faces se retrouvent couvertes de petits plis fins et uniformes. Ce Vegatex est un peu plus souple que le « Basic ».

Le Vegatex « Vintage » offre un contraste clair/foncé qui produit sur les deux faces un aspect usé particulièrement esthétique donnant l'impression d'une surface naturellement patinée à l'usage. On peut renforcer cet effet avec du papier de verre. L'endroit et l'envers sont de couleurs différentes et peuvent être associés pour obtenir un résultat très intéressant.
Comme le Vegatex « Effekt », le Vegatex « Vintage » est un peu plus souple que le « Basic ».

ETHNIQUE

BRACELET LANIÈRE ◉

Dimensions : 1 cm de large, longueur selon le tour du poignet

Fournitures

- 4 x 60 cm de Vegatex « Vintage » gris
- 10 cm de cordon de caoutchouc noir de 0,1 cm de diamètre
- 1 bouton à barrette centrale (ou à 2 trous) de 2,7 cm de diamètre
- Colle contact ou textile

Préparation

Pour calculer la longueur nécessaire, mesurer 3 fois la circonférence du poignet, ajouter 4 cm pour le revers (2 x 2 cm à chaque extrémité), puis ajouter 2 à 4 cm pour l'aisance.

Coupe

Dans le Vegatex, couper :

- 1 bande **A** de 1 cm x longueur calculée (extérieur)
- 1 bande **B** de 1 cm x longueur calculée moins 8 cm (intérieur).

Réalisation

1. Coller la bande **B** sur l'envers de la bande **A** en alignant bien les longs côtés et en faisant dépasser la bande **A** de 4 cm à chaque extrémité. Piquer les côtés près du bord en cousant sur l'endroit.

2. Passer l'une des extrémités du bracelet dans le bouton, la replier de 2 cm sur l'envers et la coller. Installer le pied de biche spécial fermeture à glissière et surpiquer l'extrémité du bracelet au plus près du bouton.

3. Replier de même l'autre extrémité du bracelet de 2 cm sur l'envers. Faire une bride avec le cordon, nouer les extrémités ensemble et passer le cordon dans le pli du bracelet (raccourcir éventuellement les extrémités du cordon).
Coller en cachant le nœud et piquer pour maintenir en place.

FLOWER *power*

BRACELET FLEURI ⬤

Dimensions : 3 cm de large, longueur selon le tour du poignet
Schéma : planche **A**

Fournitures

- Chutes de Vegatex « Basic » marron
- 1 fermeture à glissière grise métallique, de la longueur du tour de poignet
- 25 cm de ruban fantaisie à motifs fleurs de 1,2 cm de large
- 10 cm de cordon de caoutchouc noir de 0,1 cm de diamètre
- 1 bouton noir à barrette centrale ou à pied de 1,6 cm de diamètre
- Aiguille à coudre à gros chas
- Plioir
- Colle contact ou textile

Préparation

Pour calculer la longueur nécessaire, mesurer 2 fois la circonférence du poignet, ajouter 1,5 cm pour le revers, puis ajouter 3 à 4,5 cm pour l'aisance (voir conseil page 8).

Coupe

Dans le Vegatex, couper :
- 1 bande de 2 cm x longueur calculée.

Réalisation

1. Sur l'envers de la bande, tracer 2 lignes et plier à 1,5 cm de l'une des extrémités **(c)**, ainsi qu'au milieu de la bande (voir schéma, planche **A**). La section **a** représente l'intérieur du bracelet, la section **b** l'extérieur. Replier environ 1 cm d'une des extrémités du ruban à fleurs sur l'envers, puis le coller sur la face extérieure de la bande **b** en le centrant bien. Découper l'autre extrémité du ruban au ras du bracelet.

2. Ouvrir la fermeture à glissière, couper les parties arrêt en haut et en bas, puis enlever le curseur. Coller les 2 moitiés de la fermeture de chaque côté de la bande **b** du bracelet, sur l'envers, de manière que les dents dépassent sur les longs côtés.

3. Enfiler le cordon sur l'aiguille et piquer dans le pli entre **b** et **c** de l'intérieur vers l'extérieur pour former une boucle. Nouer les extrémités du cordon ensemble et raccourcir un peu. Replier l'extrémité de la bande **c** sur l'envers et coller.

4. Replier l'intérieur **a**, raccourcir éventuellement l'extrémité de 0,5 cm et coller, envers contre envers, sur l'intérieur **b**. Surpiquer le ruban près du bord. Pour terminer, coudre le bouton.

MÉTAL**LIQUE**

BRACELET À PERLES EN MÉTAL ◉

Dimensions : 2,5 cm, longueur selon le tour du poignet

Fournitures

- Chutes de Vegatex « Vintage » gris
  (pour la bande fine, utiliser l'envers
  du Vegatex gris)
- 3 passants en métal argenté pour cuir plat :
  1 rond avec décorations de 1,8 cm de diamètre,
  2 carrés avec rainures de 1 x 1 cm
- 1 bouton-pression à riveter
  de 1,5 cm de diamètre
- Plioir
- Colle contact ou textile

Préparation

Pour calculer la longueur nécessaire,
mesurer 1 fois la circonférence du poignet,
ajouter 2 cm pour la fermeture,
puis ajouter 3 à 4 cm pour l'aisance
(voir conseil page 8).

Coupe

Dans le Vegatex, couper :
- 1 bande **A** de 5 cm x longueur calculée
  (extérieur/intérieur)
- 1 bande **B** de 1 cm x longueur calculée
  (bande centrale).

Réalisation

1. Sur l'envers de la bande **A**, tracer
2 lignes à 1,2 cm du bord des longs côtés
et marquer au plioir, puis les plier vers le centre
et piquer au point zigzag large.

2. Enfiler les pièces métalliques sur la bande **B** :
disposer d'abord le passant rond au centre,
puis glisser les passants carrés à environ 0,5 cm
de part et d'autre. Coller la bande **B** sur l'endroit
de la bande **A** en prenant soin de la centrer
de manière à cacher la piqûre.
Fixer les 2 côtés du bouton-pression à 1 cm
de chaque extrémité du bracelet en suivant
les instructions du fabricant.

SIMPLICITÉ

BRACELET À BOUTONS CUIVRÉS ◎

Dimensions : 3 cm, longueur selon le tour du poignet
Gabarits : **A** et **B**, planche **A**

Fournitures

- Chutes de Vegatex « Effekt » gris
- 2 boutons-pression à riveter coloris cuivre vieilli de 1,5 cm de diamètre
- Plioir
- Colle contact ou textile

Préparation

Reporter et découper les pièces **A** et **B**.
Calculer la longueur nécessaire :
raccourcir la pièce en coupant le long
de la ligne-repère ou la rallonger en ajoutant
un morceau de papier (voir conseil page 8).

Coupe

Dans le Vegatex, couper :

- 1 fois le gabarit **A** (intérieur)
- 1 fois le gabarit **B** (extérieur).

Réalisation

1. Plier les pièces **A** et **B** sur l'envers le long
des lignes en pointillé. Pour la pièce **A**, replier
les longs côtés et les coller, puis coller
immédiatement la pièce **B** (envers sur le dessous)
au centre de la pièce **A** sur les côtés repliés,
en glissant les extrémités entre les 2 épaisseurs
de la pièce **A**. Surpiquer les longs côtés
de la bande **B** près du bord, en utilisant au choix
le point droit ou un point fantaisie.

2. Fixer le dessus du bouton-pression
sur l'extrémité la plus étroite du bracelet,
en suivant les instructions du fabricant.
Essayer le bracelet, repérer la position du dessous
du bouton sur le côté le plus large
et le fixer en conséquence.

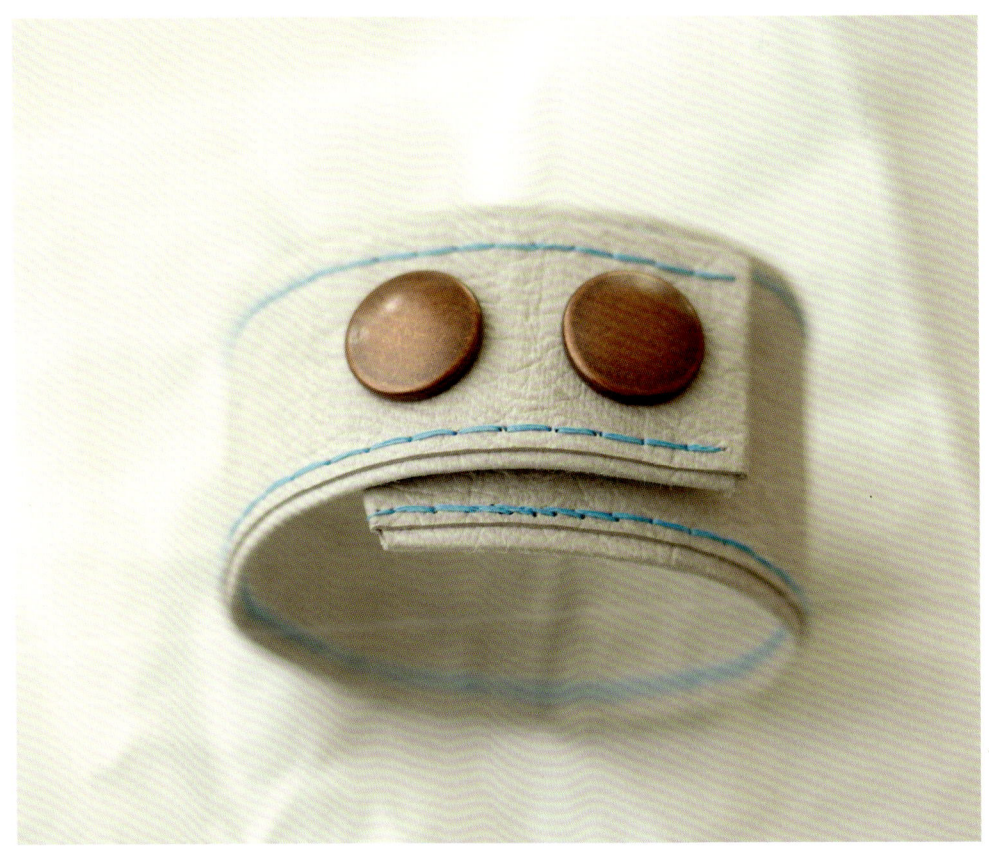

BOHÊME

 BRACELET TRESSÉ ◉

Dimensions : 2,5 cm de large, longueur selon le tour du poignet
Schéma : planche **A**

Fournitures

- Chutes de Vegatex « Vintage » gris et sable (pour la bande **A**, utiliser l'envers beige) et de Vegatex « Basic » marron
- Cordon ciré noir de 0,1 cm de diamètre
- 1 perle plate en bois marron de 1,8 cm de diamètre
- Cutter
- Pince à poinçonner
- Aiguille à broder à gros chas
- Colle contact ou textile

Préparation

Pour calculer la longueur nécessaire, mesurer 1 fois la circonférence du poignet, ajouter 1 à 2 cm pour l'aisance.
Pour la pièce **A**, tracer la section entre les flèches à la longueur nécessaire, en veillant à ce que le nombre d'encoches reste impair.

Coupe

Dans le Vegatex sable, couper :
- 1 fois la bande **A** de 2,5 cm x la longueur obtenue moins 2 cm (extérieur).

Dans le Vegatex gris, couper :
- 2 fois la bande **B** de 2,5 cm x la longueur obtenue (intérieur).

Dans le Vegatex marron, couper :
- 1 fois la bande **C** de 0,5 x 30 cm.

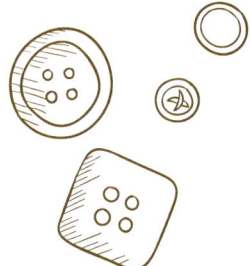

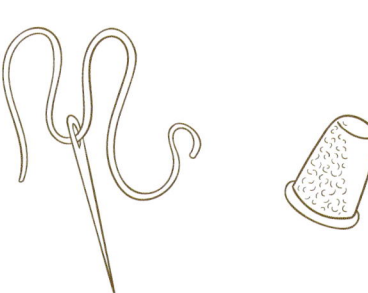

Réalisation

1. Tracer les lignes de repères des encoches sur l'envers de la bande **A** (voir le schéma planche **A**) et les découper avec le cutter et une règle.

2. Enfiler la bande **C** sur l'aiguille à broder et coller le début de la bande sur l'envers de la bande **A**, juste avant la première encoche.
Passer à chaque fois la bandelette 1 sur la bandelette 2. Enfiler la bande **C** d'abord sur 1, puis sous 2 et ressortir l'aiguille sur le dessus (voir le schéma, planche **A**). Répéter jusqu'à la fin des encoches. Après la dernière encoche, faire passer l'extrémité de la bande **C** sur l'envers, la raccourcir et la coller. La zone de la bande **A** avec les encoches rétrécit un peu pendant le tressage, il faut donc adapter les longs côtés des sections non découpées en les rétrécissant un peu (environ 2,2 cm de large).

3. Coller les 2 bandes **B** l'une sur l'autre. Encoller l'envers de la bande **A**, la fixer au centre des bandes **B** et piquer tout le tour près du bord. Percer des trous au centre des extrémités des bandes **B**. Faire un nœud à l'extrémité d'un morceau de cordon, enfiler la perle dessus, puis passer l'autre extrémité du cordon dans l'un des trous du bracelet, de l'extérieur vers l'intérieur. Nouer les extrémités du cordon et recouper. Plier en 2 un autre morceau de cordon, insérer les extrémités dans l'autre trou en formant une boucle de la longueur souhaitée pour créer une bride boutonnière, puis les nouer.

PLACE *aux artistes !*

CARTON À DESSIN ⊚ ⊚

Dimensions : 33 x 24 cm (fermé)
Gabarits : **A** à **E**, planche **A**

Fournitures

- 50 x 80 cm de Vegatex « Basic » pierre
- 25 x 70 cm de coton vert menthe et blanc à motifs géométriques
- 10 x 40 cm de coton vichy jaune et blanc
- 25 x 70 cm de coton enduit/toile cirée turquoise à pois blancs
- 11 cm de ruban élastique marron de 0,8 cm de large
- 70 cm de sangle jaune de 3,5 cm de diamètre
- Appliqué thermocollant « oiseau » d'environ 5 x 6 cm
- 3 boutons-pression « Color Snap » verts de 1,24 cm de diamètre
- Entoilage thermocollant Vliesofix
- Bloc de dessin format A4
- Cutter
- Plioir
- Colle contact ou textile

Préparation

Reporter et découper tous les gabarits.
La marge de couture de 1 cm est comprise dans les gabarits.

Coupe

Dans le Vegatex, couper :
- 1 fois le gabarit **A**, en symétrie (extérieur)
- 2 fois le gabarit **B** (intérieur, côtés droit et gauche)
- 1 fois le gabarit **C** (pochette intérieure).

Dans le tissu vert menthe, couper :
- 1 rectangle **G** de 15,5 x 35 cm (poche extérieure)
- 1 fois le gabarit **E**, en symétrie (poche à crayons).

Dans le tissu vichy jaune, couper :
- 1 bande **F** de 5 x 35 cm (bande centrale intérieure).

Dans le tissu turquoise, couper :
- 1 rectangle **H** de 18,5 x 35 cm (poche extérieure)
- 1 fois le gabarit **D** (intérieur).

Réalisation

1. Plier 2 fois le grand côté supérieur des poches extérieures **G** et **H** sur 1 cm sur l'envers et piquer près du bord. Thermocoller l'appliqué sur la poche **H** et en surpiquer éventuellement le contour. Plier la pièce **A** sur l'envers en suivant les lignes en pointillé. Placer le rectangle **G**, puis le rectangle **H** sur l'endroit du rectangle **A** au niveau des repères. Plier les bordures latérales sur l'envers et les coller, puis surpiquer la bordure inférieure au point zigzag. Plier les petits côtés de la bande **F** sur l'envers. Thermocoller le Vliesofix sur l'envers de **F** et coller la bande sur l'envers du rectangle **A** en la centrant bien.

2. Pour la poignée, couper la sangle en 2. Sur chaque bande, tracer une ligne à 6,5 cm de chacune des extrémités. Plier les sangles en 2 dans la longueur sur la section comprise entre les 2 lignes (22 cm) et piquer sur toute la longueur pliée, au bord de la sangle. Plier les extrémités des sangles de 2 cm sur l'envers, les coller sur **A** au niveau des repères et surpiquer en croix (voir photo).

3. Placer le rectangle **D** sur la pièce **B** de gauche et piquer tout le tour près du bord. Plier la poche à crayons **E** en 2 sur la pliure, endroit contre endroit, et piquer les bords ouverts en laissant une ouverture. Écarter les marges de couture et couper les angles en biais. Retourner la pièce. Froncer un peu le bord inférieur : piquer au point droit long (environ 4 mm) dans la marge de couture sans arrêter le fil au début et à la fin. Tirer le fil de canette pour resserrer la pièce jusqu'à ce qu'elle mesure 23 cm de long. Poser la poche sur le côté gauche de l'intérieur du carton à dessin et piquer la bordure inférieure près du bord. Retirer le fil de fronce. Faire les compartiments au point droit en suivant les lignes de piqûre indiquées sur le patron.

4. Plier la pochette intérieure **C** le long de la ligne en pointillé. Fixer le bouton-pression en suivant les instructions du fabricant. Placer la pochette sur le côté gauche de l'intérieur du carton à dessin et piquer les 3 côtés. Couper le ruban élastique en 2, plier les extrémités sur 0,5 cm sur l'envers et les coudre de chaque côté de la pochette au niveau des repères pour faire des petites languettes (pour les gommes).

5. Sur le rectangle **B** de droite, tracer une ligne horizontale à 4 cm du bord supérieur et 1 cm de chaque côté et découper au cutter pour insérer le bloc.

6. Poser les 2 intérieurs **B** sur le rectangle **A**, envers contre envers, et piquer tout le tour près du bord. Pour fermer le carton à dessin, poser les boutons-pression dans les angles. À l'intérieur, glisser le dos du bloc dans la fente.

COULEUR *camel*

PORTE-MONNAIE ⊛ ⊛

Dimensions : 9,5 x 15 cm (fermé)
Gabarits : **A** à **D**, planche **A**

Fournitures

- 35 x 35 cm de Vegatex « Vintage » sable
- 1 chute de Vegatex « Effekt » noir
- 1 fermeture à glissière noire de 14 cm
- 1 bouton-pression métallique à riveter de 1,5 cm de diamètre
- Tampon « oiseau » de 4 x 5 cm
- Tampon encreur noir
- Cutter
- Plioir
- Colle contact ou textile

Préparation

Reporter et découper tous les gabarits.
La marge de couture est comprise
dans les gabarits.

Coupe

Dans le Vegatex sable, couper :
- 1 fois le gabarit **A** (porte-monnaie et rabat)
- 1 fois le gabarit **B** (porte-monnaie)
- 1 fois le gabarit **D** (intérieur rabat)

Dans le Vegatex noir, couper :
- 1 fois le gabarit **C** (fermeture).

Sur la pièce **B**, découper l'ouverture
pour la fermeture à glissière avec le cutter.

Réalisation

1. Marquer les plis sur l'envers des pièces **A** à **C**
le long des lignes en pointillé.
Raccourcir la fermeture à glissière de sorte
que le ruban mesure de chaque côté environ
0,6 cm de plus que l'ouverture sur la pièce **B**
(14 cm). Coller la fermeture, endroit contre envers,
sur l'ouverture, puis surpiquer tout le tour
de la fente près du bord.

2. Replier le petit côté inférieur de la bande **C**
sur l'envers et fixer le bouton-pression selon
les instructions du fabricant. Positionner l'extrémité
inférieure sur la pièce **B** au niveau du repère,
en rabattant la partie intérieure pour ne pas
la prendre dans la couture, et piquer près du bord
(avec le pied spécial fermeture à glissière
pour pouvoir piquer au plus près
du bouton-pression).

3. Assembler les pièces **A** et **B**, endroit contre
endroit, en superposant les repères
pour le compartiment à cartes, puis surpiquer
le compartiment. Coller l'autre extrémité
de la fermeture **C**, envers contre endroit,
sur la pièce **A** (voir les indications sur le gabarit),
plier la partie supérieure sur l'envers, puis piquer
la pièce **C** près du bord (sans prendre
le compartiment à cartes dans la couture).

4. Tamponner éventuellement le motif choisi
sur l'envers du rabat **D** et laisser sécher.
Encoller les bords intérieurs du rabat **A** et coller,
envers contre endroit, sur le rabat **D**.
Superposer la pièce intérieure **A** et la pièce
extérieure **A**, envers contre envers,
et piquer les bordures sur les côtés du rabat
(sans prendre la partie intérieure **B** dans la couture).

5. Plier le dos **B** sur l'envers, coller la bordure
inférieure, puis superposer les pièces extérieure **B**
et intérieure **B**, et piquer les côtés (sans prendre
la pièce **A** dans la couture).
Fixer le dessus du bouton-pression.

ÉLÉGANCE *rétro*

 SAC À DOS ⊗ ⊗

Dimensions : 6 x 32 x 36 cm
Gabarits : **A** à **J**, planche **A**

Fournitures

- 70 x 85 cm de Vegatex « Effekt » marron
- 15 x 35 cm de Vegatex « Vintage » gris
- 50 x 100 cm de coton gris-beige rayé
- 250 cm de sangle noire de 3,2 cm de large
- 2 attaches pour cartable en similicuir
  de 4 x 5,5 cm (à coudre)
- 2 boucles coulissantes noires de 3 cm
- 2 boucles de réglage noires de 3 cm
- 80 cm de cordon beige de 0,3 cm de large
  (en similicuir ou suédine par exemple)
- 6 œillets avec rondelles de 0,4 cm de diamètre
- Colle contact ou textile

Préparation

Reporter et découper tous les gabarits.
Sauf mention contraire, les marges de couture
de 0,7 cm sont incluses.

Coupe

Dans le Vegatex marron, couper :
- 1 fois le gabarit **A**, en symétrie
  (extérieur devant)
- 1 fois le gabarit **B**, en symétrie (extérieur dos)
- 1 fois le gabarit **C**, en symétrie
  (poche extérieure)
- 2 fois la bande **D** et **E**
- 2 fois le gabarit **F** et **G** (renforts).

Dans le Vegatex gris, couper :
- 1 fois le gabarit **H**, en symétrie (rabat).

Dans le tissu, couper :
- 1 fois le gabarit **I,** en symétrie (intérieur devant)
- 1 fois le gabarit **J**, en symétrie (intérieur dos)
- 1 rectangle **K** de 16 x 24 cm (poche intérieure).

Réalisation

1. Coller le rectangle **F** sur l'envers de la pièce **B** extérieur dos . Couper 2 fois 12 cm de sangle. Plier chaque bande en 2, enfiler une boucle coulissante sur chaque section, puis coudre sur l'endroit de la bordure inférieure.

2. Fixer le dessous des attaches pour cartable sur la poche extérieure **C**. Coller le rectangle **G** sur l'envers, puis piquer les attaches. Placer la poche, envers contre endroit, sur la pièce **A** et piquer la bordure inférieure près du bord, puis surpiquer le long des lignes indiquées sur le gabarit.

3. Sur la pièce **A**, superposer les bords **a** et **b**, endroit contre endroit, pour former un coin. Piquer sur la ligne en pointillé dans la marge de couture.

4. Assembler les pièces **A** et **B**, endroit contre endroit, puis piquer les côtés et la bordure inférieure en s'arrêtant précisément à la largeur de la marge de couture dans les coins inférieurs et en laissant l'aiguille plantée dans le tissu. Relever le pied de biche, tourner l'ouvrage de 90°, rabaisser le pied et continuer à piquer. Écarter les marges de couture et couper les angles en biais. Retourner et mettre en forme.

5. Pour chaque bretelle, couper 2 longueurs de sangle de respectivement 60 et 40 cm environ (mesurer d'abord la longueur nécessaire selon la morphologie et adapter les dimensions en conséquence). Piquer l'extrémité supérieure de la grande sangle **B** à l'emplacement indiqué. Fixer une boucle de réglage sur l'extrémité inférieure, plier la sangle de 5 cm sur l'envers et piquer. Passer l'extrémité inférieure des sangles les plus courtes dans les boucles coulissantes, plier 3 cm de l'extrémité sur l'envers et piquer. Enfiler l'extrémité supérieure dans la boucle de réglage, puis replier 3 cm sur l'envers et piquer.

6. Plier 2 fois le côté supérieur de la poche **K** sur 0,7 cm sur l'envers. Repasser et piquer près du bord. Placer la poche, envers contre endroit, sur **J**, puis piquer les côtés et le bord inférieur au point zigzag serré. Assembler les pièces **I** intérieur devant et **J** intérieur dos en suivant les instructions de l'étape 3. Plier la bordure supérieure de 1 cm sur l'envers, puis glisser la doublure (**I** et **J**) envers contre envers dans le corps du sac (**A** et **B**) et piquer le bord supérieur, les bretelles orientées vers le bas.

7. Surpiquer les côtés et le bas du rabat **H** près du bord. Coller les 2 bandes **D** l'une sur l'autre, et faire de même pour les 2 bandes **E**, puis les piquer chacune, envers contre endroit, sur le rabat. Coudre la partie supérieure des attaches à l'extrémité de chaque bande. Placer le rabat, envers contre endroit, sur la pièce **B** et piquer près du bord, puis à environ 1,5 cm du bord.

8. Fixer les œillets en suivant les instructions du fabricant. Couper le cordon en 4 sections de 20 cm de long. Assembler les rubans 2 par 2 et faire un nœud à l'une des extrémités. Passer le ruban dans le 1er œillet, de l'extérieur vers l'intérieur, puis dans l'œillet central, de l'intérieur vers l'extérieur, et enfin dans le dernier œillet, de l'extérieur vers l'intérieur. Faire passer les extrémités dans l'œillet du devant, de l'intérieur vers l'extérieur, et faire un nœud (voir photo en médaillon). Pour resserrer l'ouverture du sac, tirer les extrémités des rubans ou faire un nœud simple.

AMBIANCE *zen*

 CACHE-POT ⊚ ⊚

Dimensions : 23 cm de diamètre, 23 cm de haut
Gabarit : **C**, planche **A**

Fournitures

- 25 x 85 cm de Vegatex « Effekt » blanc
- Chutes de Vegatex « Vintage » gris
- 1 fond de sac en paille coloris naturel de 20 cm de diamètre et environ 7 cm de haut
- 8 rivets noirs de 0,9 cm de diamètre
- Ciseaux cranteurs fantaisie
- Colle contact ou textile

Préparation

Reporter et découper les gabarits.
Les marges de couture sont incluses dans les indications de coupe.

Coupe

Dans le Vegatex blanc, couper :
- 1 rectangle **A** de 17 x 77 cm (côté)
- 1 bande **B** de 1,5 x 77 cm.

Couper l'un des longs côtés de la bande **B** avec les ciseaux cranteurs.

Dans le Vegatex gris, couper :
- 2 fois le gabarit **C**, en symétrie (anse).

Réalisation

1. Placer la bande **B**, envers contre endroit, sur le bord supérieur de la pièce **A**, côté cranté vers le bas, et piquer près du bord le long du côté droit. Tracer une ligne sur l'endroit de la pièce **A** à 1,5 cm du bord inférieur (zone à encoller). Former un tube et superposer les petits côtés, envers contre endroit, en les faisant se chevaucher de 1 cm et piquer.

2. Pour le fond du sac, surpiquer éventuellement les coutures avec du fil noir pour les faire ressortir.

3. Encoller progressivement la bordure inférieure de la pièce **A** et l'assembler avec le haut du fond de sac, endroit contre envers, de manière à recouvrir en grande partie la ligne repère. Piquer le fond de sac près du bord.

4. Plier les extrémités des anses **C** de 2,5 cm sur l'endroit. Coller et percer 2 trous à chaque extrémité. Placer 2 repères face à face sur la pièce **A** pour marquer la position des anses (voir schéma sur la planche **A**). Placer les anses, reporter la position des trous et percer le cache-pot. Fixer les anses avec les rivets en suivant les instructions du fabricant Placer la plante dans un récipient étanche avant de la mettre dans le cache-pot.

BESTIAIRE

 TAPIS DE SOURIS ⊛

Dimensions : renard : 23,5 x 24,5 cm, raton laveur : 24 x 25 cm, chat : 23 x 23 cm
Gabarits : **A** à **F**, planche **B**

Fournitures

- 30 x 30 cm de Vegatex « Basic » marron, gris et noir (selon l'animal)
- 30 x 30 cm de feutrine de 0,4 cm d'épaisseur de couleur assortie à chaque Vegatex
- Peintures acryliques blanche et noire (ou des feutres)

Préparation

Reporter et découper les gabarits souhaités sans ajouter de marge de couture.
Reporter les contours intérieurs sur les pièces **A**, **B**, **C**.

Coupe

Dans le Vegatex, couper :
- 1 gabarit d'animal **A**, **B** ou **C**, en symétrie.

Dans la feutrine, couper :
- 1 gabarit **D**, **E**, ou **F**, en symétrie (dos).

Réalisation

1. Peindre le visage des animaux au gré de l'inspiration ou en reproduisant la photo. Pour le renard et le raton laveur, peindre d'abord les zones blanches, laisser sécher, puis faire les zones noires. Bien laisser sécher. Pour le raton laveur, ajouter des points blancs dans les yeux.

2. Poser l'animal en Vegatex sur le morceau de feutrine correspondant et piquer tout le tour près du bord. Pour le renard et le raton laveur, surpiquer également le contour supérieur des zones blanches.

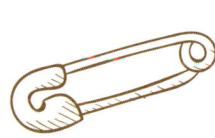

CONSEIL

Les animaux peuvent éventuellement être agrandis ou rétrécis à la photocopieuse. En grand format, ils font d'adorables sets de table pour les enfants et en petite taille de jolis porte-clés. Pour les porte-clés, glisser une bride entre le Vegatex et la feutrine avant de piquer, ou poser un œillet après couture.

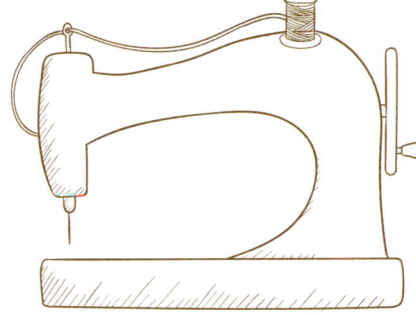

VINTAGE *chic*

SACOCHE BANANE ⊛ ⊛

Dimensions : 17 x 21 cm (sans les brides)
Gabarits : **A** à **F**, planche **B**

Fournitures

- 30 x 50 cm de Vegatex « Vintage » gris
- Chutes de toile cirée grise
- 26 cm de ruban tressé beige et bleu de 1 cm de large
- Chutes de cordon ciré noir de 0,1 cm de diamètre
- 3 rivets en cuivre de 0,9 cm de diamètre
- 1 anneau en D de 2 cm
- 1 bouton à pied métallique de 2 cm de diamètre
- Tampon lettre d'environ 0,8 cm de haut
- Tampon encreur noir
- Plioir
- Cutter
- Colle contact ou textile

Préparation

Reporter et découper les gabarits.
La marge de couture est comprise dans les gabarits.

Coupe

Dans le Vegatex, couper :
- 1 fois le gabarit **A** (devant)
- 1 fois le gabarit **B** (dos)
- 1 fois le gabarit **D** et **E** (rabat)
- 1 fois le gabarit **F** (bride décorative)
- 1 rectangle **G** de 0,7 x 13 cm (bride de fermeture)
- 1 rectangle **H** de 2,5 x 3 cm
- 2 bandes **I** de 1 x 12,5 cm (bride)
- 1 bande **J** de 2 x 12,5 cm (bride).

Dans la toile cirée, couper :
- 1 fois le gabarit **C** (poche intérieure).
- Couper les pièces **A** et **D** avec un cutter le long des lignes indiquées.

Réalisation

1. Plier les brides **I** et **J** en 2, coller les extrémités sur le devant et sur l'arrière de la pièce dos **B**. Surpiquer la bordure supérieure sur le devant près du bord et une 2e fois 1,5 cm en dessous. Fixer les rivets en suivant les instructions du fabricant.

2. Piquer les pinces sur la pièce du devant **A**. Placer la bordure supérieure, envers contre endroit, sur le ruban tressé et piquer près du bord. Former une boucle avec la bride de fermeture **G**, glisser les extrémités dans les encoches de la pièce **A**, de l'extérieur vers l'intérieur, et les coller sur l'envers en les alignant avec la bordure inférieure du sac.

3. Marquer le pli sur l'envers du rabat **D** le long de la ligne en pointillé. Plier le bord **a** de 1 cm sur l'envers, puis poser sur le bord **b** du rabat **E** et piquer. Coller le petit côté du rectangle **H**, envers contre endroit, sur la bordure intérieure du rabat et couper l'encoche du rabat au cutter.

4. Enfiler le bouton sur un morceau de cordon ciré, passer les extrémités du cordon dans l'encoche du rabat, de l'extérieur vers l'intérieur, faire un nœud serré, puis raccourcir les extrémités. Replier la partie restante du rectangle sur l'envers et coller par-dessus le nœud.

5. Tamponner le mot « LIMITED » sur la bride **F**. Plier la bande vers le haut, endroit contre endroit, le long de la ligne **a**, enfiler l'anneau et piquer les 2 épaisseurs ensemble près de l'anneau. Plier ensuite la bande vers le bas le long de la ligne **b** et piquer.

6. Plier le bord supérieur de la poche intérieure **C** de 1,5 cm sur l'envers et piquer. Poser la poche, envers contre endroit, sur la pièce **B**, en alignant les bordures inférieures. Piquer le devant et la bordure supérieure du rabat près du bord.

CONSEIL
La longueur des brides est prévue pour une ceinture de 4 cm de large. Si vous portez des ceintures plus ou moins larges, il faudra raccourcir ou rallonger les brides I et J en conséquence.

AVEC *style*

ÉTUI POUR CARTES DE VISITE ◉ ◉

Dimensions : 2 x 6 x 10 cm
Gabarits : **A** à **D**, planche **B**

Fournitures

- 20 x 25 cm de Vegatex « Basic » Sahara ou blanc
- Machine à découper avec matrice d'embossage au choix
- Fil fantaisie ou fil à broder
- Grosse aiguille pour machine à coudre (n° 90 ou 100)
- Aiguille à coudre
- Plioir
- Cutter
- Colle contact ou textile

CONSEIL
Ce bel étui fait également une élégante pochette cadeau. Pour pouvoir emballer des objets plus gros, il suffit d'agrandir les gabarits à la photocopieuse.

Préparation

Reporter et découper les gabarits. La marge de couture est comprise dans les gabarits.

Coupe

Dans le Vegatex, couper :
- 1 fois le gabarit **A** (étui)
- 2 fois le gabarit **B** (côté)
- 1 fois le gabarit **C** (bride de fermeture)
- 1 fois le gabarit **D** (ruban de fermeture).

Dans la pièce **A**, couper le rectangle et les encoches pour la bride de fermeture avec un cutter.

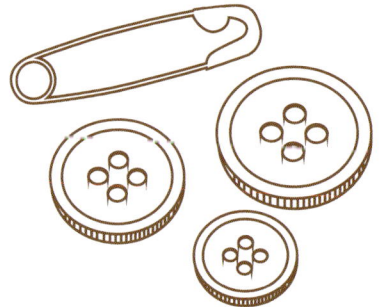

Réalisation

1. Placer l'étui **A** sur la matrice d'embossage de manière à ne couvrir que le rabat, puis embosser en suivant les instructions du fabricant. Marquer les plis sur l'envers de toutes les pièces en suivant les lignes en tirets. Plier les lignes en pointillé sur l'endroit.

2. Plier la bride **C** en 2, envers contre envers, le long de la ligne centrale, puis surpiquer les 2 longs côtés près du bord. Glisser les extrémités de la bride **C** et du ruban **D** dans les fentes sur l'endroit de l'étui et les coller sur l'envers. Plier chacune des pièces **B** en 2 le long de la ligne **a**, envers contre envers, et coller. Pré-percer les bords à la machine à coudre avec une grosse aiguille et une longueur de point de 4 mm afin de préparer la couture. Superposer ensuite les bords correspondants de l'étui et des côtés, envers contre envers, et piquer sans fil, pour percer, à partir du point repère. Coller ensuite le bord **b** sur l'étui de chaque côté, envers contre envers.

3. Coudre les côtés à la main avec un fil fantaisie au point de bâti : au début, piquer l'aiguille dans le 1er trou de la pièce côté **B** (sur le repère), de l'extérieur vers l'intérieur, nouer les extrémités ensemble en plaçant le nœud à l'intérieur de l'étui, puis passer l'aiguille dans le 1er trou de l'étui, de l'intérieur vers l'extérieur. Poursuivre en piquant à chaque fois l'aiguille dans 2 trous face à face et en tirant bien sur le fil. À la fin, faire passer l'aiguille à l'intérieur, nouer le fil, le couper et le coller dans le pli.

GLOBE-TROTTER

POCHETTE POUR DOCUMENTS DE VOYAGE ◎

Dimensions : 1 x 11,5 x 18,5 cm (fermée)
Gabarits : **A** à **D**, planche **B**

Fournitures

- 20 x 35 cm de Vegatex « Basic » marron
- 25 x 45 cm de Vegatex « Effekt » pierre
- 2 autocollants ou appliqués sur le thème « Voyage », par exemple rectangulaire de 2 x 6 cm, ou rond de 3,5 cm de diamètre
- Œillets de 0,3 cm de diamètre (facultatifs, pour fixer l'autocollant)
- Plioir
- Colle contact ou textile

Préparation

Reporter et découper les gabarits.
La marge de couture est comprise dans les gabarits.

Coupe

Dans le Vegatex marron, couper :
- 1 fois le gabarit **A** (extérieur).

Dans le Vegatex pierre, couper :
- 2 fois le gabarit **B**, dont 1 fois en symétrie (poche intérieure)
- 2 fois le gabarit **C**, dont 1 fois en symétrie (poche intérieure)
- 1 fois le gabarit **D** (bride de fermeture).

Réalisation

1. Sur l'envers de la pièce **A**, marquer toutes les lignes en pointillé au plioir. Encoller les petits côtés de la bride **D** sur l'envers, puis la coller, envers contre endroit, sur la pièce **A**.
Décorer éventuellement l'extérieur de la pochette avec un autocollant ou un appliqué.
Si l'endroit choisi n'est pas couvert par une poche à l'intérieur, il est préférable de coller le motif pour que rien ne se voie à l'intérieur.

2. Décorer l'une des 2 poches intérieures **B** avec un autocollant ou un appliqué : coudre le motif, le coller ou le fixer avec des œillets.

3. Superposer les poches intérieures **C**, dans un sens et dans l'autre, endroit sur le dessus pour les 2, puis poser la poche **B** décorée par-dessus, envers contre endroit, en veillant à bien aligner tous les bords inférieurs. La poche du dessus peut être placée dans le même sens que celle du milieu (comme sur la photo) ou que celle du dessous. Piquer les bords inférieurs, puis placer les poches sur la zone **b** et coller le long de la bordure inférieure pour qu'il n'y ait aucune piqûre visible sur l'extérieur de la pochette. Placer la dernière poche **B** sur la zone **a**. Recouper éventuellement les bords de l'extérieur et des poches pour bien les égaliser, puis piquer tout le tour près du bord.

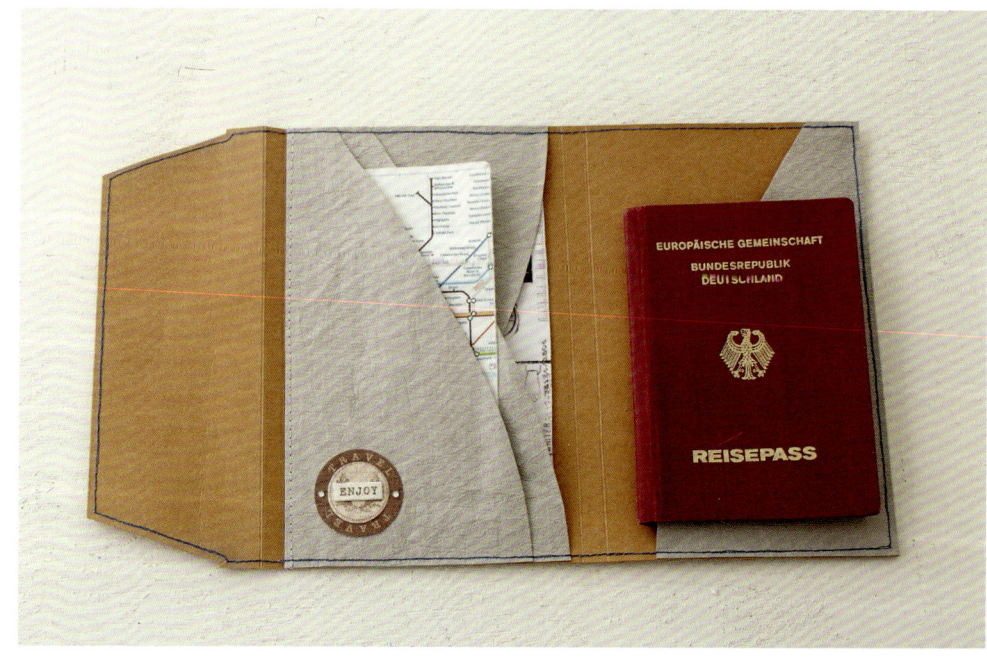

TRENDY

POCHETTES ⊛

Dimensions : 11 x 17 cm, 11 x 24 cm
Gabarits : **A** à **D** gris (grand modèle) et vert (petit modèle), planche **B**

Fournitures

LA GRANDE POCHETTE
- 30 x 50 cm de Vegatex « Vintage » gris
- 30 x 50 cm de Vegatex « Basic » pierre
  (pour la bordure du rabat, utiliser l'envers
  du Vegatex gris)
- 30 x 40 cm de coton imprimé
- 1 étiquette « Handmade » à coudre
  en similicuir de 1 x 4 cm
- 1 attache pour cartable d'environ 3 x 4 cm
- Tampon « plume » de 5 cm de long
  et tampon « Enjoy » d'environ 1 x 4 cm
- Tampons encreurs blanc et bleu clair
- Plioir
- Pince à poinçonner
- Colle contact ou textile

LA PETITE POCHETTE
- 20 x 30 cm de Vegatex « Effekt » marron
- 20 x 30 cm de coton imprimé
- 2 boutons-pression « Color Snap » noirs
  de 1,24 cm de diamètre
- 1 anneau de 0,8 cm de diamètre
- 1 perle en bois blanche à gros trou
  de 1 x 1,5 cm
- 15 cm de cordon ciré noir de 0,1 cm
  de diamètre
- Plioir
- Colle contact ou textile

Préparation

Reporter et découper les gabarits.
Les marges de couture de 0,75 cm sont incluses
sur la pièce **C**. Couper les autres pièces
sans ajouter de marge.

Coupe

Dans le Vegatex, couper :
- 1 fois le gabarit **A** (extérieur pochette)
- 1 fois le gabarit **B** (bordure rabat).

Pour la petite pochette, dans le Vegatex, couper :
- 1 fois le gabarit **D** (gland)
- 1 rectangle **E** de 0,5 x 3 cm.

Dans le tissu, couper :
- 1 fois le gabarit **C**, en symétrie
  (poche intérieure).

Réalisation

LA GRANDE POCHETTE

1. Plier la poche intérieure **C** en 2, endroit contre
endroit, sur la pliure du tissu, puis piquer les bords
ouverts en laissant une ouverture.
Écarter les marges de couture, couper les angles
en biais et cranter les arrondis.
Retourner la poche et la mettre en forme.

2. Sur l'envers de la pièce **A,** marquer les lignes
de repère au plioir. Tamponner des motifs au choix
sur la pochette couleur pierre et laisser sécher.

3. Coller la bordure **B** sur le rabat. Coudre
l'étiquette à la main sur la pochette grise.
Percer des trous pour l'attache et fixer
le dessous de l'attache.

4. Plier le devant de la pochette le long
de la ligne inférieure. Mettre la poche intérieure
en place. Piquer les côtés en une seule fois
en fermant l'ouverture de la poche intérieure
et en surpiquant le rabat. Piquer aussi la bordure
du rabat. Fixer le dessus de l'attache.

CONSEIL
La poche intérieure peut être réalisée
soit en tissu, soit en Vegatex de la même couleur
que la pochette ou d'une couleur contrastante.
Dans ce cas, utilisez le Vegatex sans le plier
et découpez-le sans ajouter de marge de couture
(coupez sur les lignes en pointillé).
Froissez éventuellement un peu le Vegatex Basic
après l'avoir coupé pour lui donner
un aspect vieilli.

LA PETITE POCHETTE

1. Coudre la poche intérieure comme la grande
pochette (étape 1). Fixer la partie inférieure
des boutons-pression.

2. Découper le gland **D** le long des lignes
indiquées. Encoller l'envers de la bordure
supérieure, puis enrouler en commençant
par le côté en biais. Pour réaliser l'attache,
plier le cordon en 2, enfiler l'anneau dessus,
prendre les extrémités ensemble et nouer
à environ 1 cm du bout. Encoller les 2 côtés
du trou de la perle, puis enfiler le gland d'un côté
et les extrémités du cordon de l'autre.

3. Sur l'envers de la pièce **A**, marquer les lignes
repères au plioir. Mettre la poche intérieure
en place. Plier le rectangle **E** en 2 et enfiler l'anneau
dessus, puis l'insérer sur le côté de la pochette
à l'endroit indiqué sur le patron. Piquer les côtes
en une seule fois en fermant l'ouverture de la poche
intérieure et en surpiquant le rabat. Fixer la partie
supérieure des boutons-pression.

MIGNON**NERIES**

COUPES DÉCORATIVES ⊛

Dimensions : 7 x 10 x 22 cm de diamètre
Gabarits : **A** à **D**, planche **A**

Fournitures

LA GRANDE COUPE :
- 40 x 40 cm de Vegatex « Basic » Sahara
- 40 x 40 cm de coton bleu clair à fleurs
- 20 x 80 cm d'entoilage thermocollant
  rigide type Vlieseline
- Plioir

LA PETITE COUPE :
- 35 x 35 cm de Vegatex « Basic » noir
- 35 x 35 cm de coton multicolore à pois
- 20 x 65 cm d'entoilage thermocollant
  rigide type Vlieseline
- Plioir

Préparation

Reporter et découper les gabarits.
Ajouter 0,6 cm de marge de couture sur les côtés
des ailettes de la pièce **B**.
Couper les autres pièces sans ajouter de marge.

Coupe

Dans le Vegatex, couper :
- 1 fois le gabarit **A** (extérieur).

Dans le tissu, couper :
- 1 fois le gabarit **B** (intérieur).

Dans l'entoilage, couper :
- 1 fois le gabarit **C** (fond intérieur)
- 5 fois le gabarit **D** (ailettes intérieures).

Réalisation

1. Thermocoller les pièces d'entoilage **C** et **D**
sur l'envers de l'intérieur **B** (à l'intérieur des lignes
en pointillé). Pour l'intérieur, superposer les ailettes
adjacentes endroit contre endroit et piquer
au point droit de la largeur du pied de biche
(0,75 cm), soit un peu plus large que les marges
de couture indiquées pour la pièce,
en commençant en haut au niveau de la bordure
supérieure. Écarter les marges de couture.

2. Sur l'envers de la pièce **A**, marquer au plioir
la ligne de fond en pointillé. Superposer les ailettes
adjacentes, endroit contre endroit, et piquer
au point zigzag serré (largeur 3, longueur 2) ;
du côté droit, l'aiguille doit piquer à chaque fois
directement à côté du bord, vers le bas.
Retourner délicatement la coupe et mettre en place
les coutures de façon que les arêtes se placent bien
à plat et que l'on voie les fils transversaux
sur l'endroit.

3. Placer l'intérieur **B** de la coupe, envers contre
envers, dans la coupe **A**, les recouper pour qu'elles
soient bien de le même taille, puis coller
les bordures supérieures ensemble.
Piquer la bordure depuis l'intérieur au point zigzag
serré ; du côté droit, l'aiguille doit piquer à chaque
fois directement à côté du bord,
pour ourler joliment le haut de la coupe.

CONSEIL
Utilisez éventuellement un fil fantaisie
pour coudre les ailettes des coupes afin d'ajouter
un élément de décoration.
Pour coudre les ailettes à la main, pré-percez
les trous à la machine au point droit long sans fil.
Assemblez ensuite avec du fil à broder
par exemple.

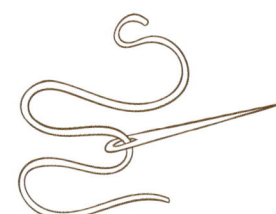

COLOR *block*

PETITES BOÎTES ⊚

Dimensions : 8 x 8 x10,5 cm ou 6,5 x 6,5 x 7 cm
Gabarits : **A** à **D**, planche **B**

Fournitures

- 35 x 35 cm de Vegatex « Basic » blanc
  pour la grande boîte, et 30 x 30 cm
  pour la petite boîte
- Chutes de film plastique rigide
  de 0,4 mm d'épaisseur (pour la grande boîte)
- 18 cm de cordon ciré marron de 0,2 cm
  de diamètre pour chaque boîte
- 1 œillet blanc de 0,4 cm de diamètre
  pour chaque boîte
- Peintures acryliques jaune, verte,
  bleu clair et bleue
- Pinceau
- Plioir
- Cutter
- Ruban adhésif double face
  de 0,5 cm de large

Préparation

Reporter et découper les gabarits.
Les marges de couture de 0,5 cm sont incluses.

Coupe

Dans le Vegatex, couper :
Pour la grande boîte :
- 1 fois le gabarit **A** (partie inférieure).
Découper la fenêtre au cutter.
- 1 fois le gabarit **B** (couvercle).

Pour la petite boîte :
- 1 fois le gabarit **C** (partie inférieure)
- 1 fois le gabarit **D** (couvercle).

Dans le film plastique rigide, couper :
- 1 rectangle de 4,5 x 6 cm
  (pour la grande boîte).

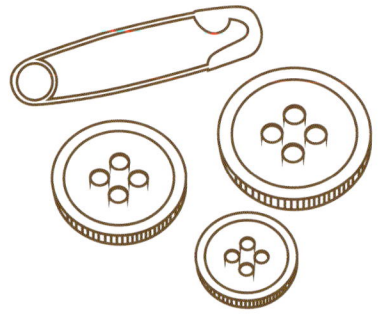

Réalisation

1. Sur l'envers de toutes les pièces, marquer
au plioir toutes les lignes en pointillé
(les lignes de pliure en diagonale sur le couvercle
ne sont que décoratives). Marquer également
au plioir la ligne de fond en petits points
sur l'endroit de la partie inférieure.
Percer un trou au centre du couvercle.
Peindre l'endroit de la boîte et du couvercle,
puis laisser sécher.

2. Fixer l'œillet au centre du couvercle en suivant
les instructions du fabricant. Pour la grande boîte,
coller avec du ruban adhésif le rectangle de film
plastique sur l'envers au niveau de l'ouverture
de la fenêtre. Surpiquer éventuellement l'extérieur
de la fenêtre.

3. Pour le corps de la boîte, superposer
les côtés adjacents, endroit contre endroit,
et piquer. Recouper les marges de couture à 0,2 cm.
Pour le couvercle, coudre de la même manière
les côtés et recouper les marges de couture.

4. Mettre la boîte et le couvercle en forme.
Insérer les extrémités du cordon, de l'extérieur
vers l'intérieur, dans le couvercle
et les nouer ensemble à l'intérieur.

INVITATION *au voyage*

COUSSIN DE SOL ◉ ◉

Dimensions : 20 x 55 x 55 cm

Fournitures

- 65 x 95 cm de Vegatex « Vintage » gris
- 1 sac en toile de jute avec impressions (par exemple sac à café usagé) de 65 x 95 cm
- 35 cm de sangle noire de 2,5 cm de large
- 45 cm de ruban tressé beige et noir de 1,5 cm de large
- Fil ciré ou fil retors extra fort (pour coudre à la main). À défaut de fil ciré, frotter une bougie sur du cordon fin ou sur un fil à broder.
- Aiguille à coudre
- Plioir
- 1 100 g de billes de polystyrène (de 0,3 cm de diamètre)

Préparation

Les marges de couture de 1 cm sont incluses dans les indications de coupe.
Les marges de couture de 1,5 cm sont incluses le long de la couture centrale de la pièce **C**.
Si le tissage de la toile est trop large, renforcer le dessus et le dessous du coussin avec un entoilage thermocollant.

Coupe

Dans le Vegatex, couper :
- 4 rectangles **A** de 22 x 57 cm (côté).

Dans la toile de jute, couper :
- 1 carré **B** de 57 x 57 cm (dessus)
- 2 rectangles **C** de 30 x 57 cm (demi-fond).

Réalisation

1. Surfiler tout le tour des pièces **B** et **C** au point zigzag. Pour chaque poignée, découper 16 cm de sangle et 20 cm de ruban tressé.
Poser le ruban sur la sangle en le centrant bien, replier les extrémités sur l'envers, puis piquer près du bord, sur l'endroit. Placer une poignée sur 2 pièces **A**, centrées, dans le sens de la longueur, et piquer les extrémités.

2. Plier les bords des pièces **A** de 0,7 cm sur l'envers, tout autour des pièces.
Assembler les petits côtés des pièces **A** en alternant une pièce avec poignée et une pièce sans, endroit contre endroit, et piquer jusqu'aux marges de couture supérieure et inférieure.
Écarter les marges de couture et couper les angles en biais. Retourner. Sur l'endroit, surpiquer les angles de part et d'autre de la couture entre les pièces, à 0,5 cm de la 1re piqûre, en piquant aussi les marges de couture.

3. Pour le dessous, assembler les 2 demi-fonds, endroit contre endroit, et piquer l'un des longs côtés en laissant une ouverture d'environ 30 cm au milieu. Écarter les marges de couture.
Poser la pièce **A**, endroit contre endroit, sur le dessus du coussin et piquer les bords.
S'arrêter à chaque fois à la marge de couture de l'angle, l'aiguille plantée dans le tissu.
Relever le pied de biche, faire pivoter l'ouvrage de 90°, baisser le pied et continuer de piquer tout le tour en procédant de la même manière dans chaque angle. Écarter les marges de couture, les couper en biais dans les angles. Coudre de la même manière l'autre bordure du côté avec le dessous du coussin.

4. Retourner le coussin et le mettre en forme.
Faire un point de bâti d'environ 1,2 cm de long à la main sur tout le tour du coussin à environ 1 cm de la bordure supérieure et des côtés.
Remplir le coussin avec les billes de polystyrène à l'aide d'un gros entonnoir.
Fermer l'ouverture à la main au point invisible.

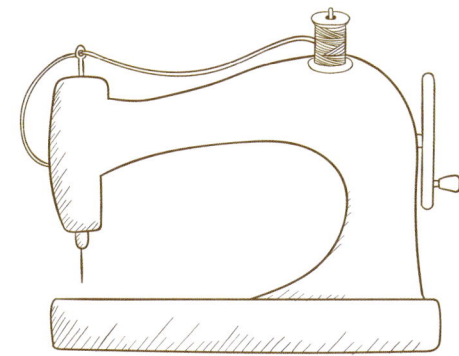

CONSEIL
On trouve des sacs de jute en vente sur Internet. On peut également utiliser du tissu épais au mètre, par exemple du lin, du coton ou de la toile. Les inscriptions peuvent alors être réalisées au tampon ou au pochoir.

AUTHENTIQUE

CORBEILLE DE RANGEMENT ⊗ ⊗ ⊗

Dimensions : 35 cm de diamètre x 45 cm de haut
Gabarit : **A**, planche **A**

Fournitures

- 90 x 110 cm de Vegatex « Vintage » sable
  (pour le haut de la corbeille, utiliser l'envers
  du Vegatex sable)
- 90 x 110 cm de coton blanc à losanges marron
- 1 étiquette « Handmade » en similicuir
  de 1 x 4 cm
- 4 œillets noirs de 1,4 cm de diamètre
  avec rondelles
- 70 cm de cordon de 1 cm de diamètre
- Plioir
- Colle contact ou textile

Préparation

Reporter et découper le gabarit. Sauf mention
contraire, la marge de couture de 0,7 cm est
incluse sur les pièces et dans les indications
de coupe.

Coupe

Dans le Vegatex, couper :
- 1 fois le gabarit **A** (fond extérieur)
- 1 rectangle **B** de 34,5 x 107,5 cm
  (bas de la corbeille)
- 1 rectangle **C** de 12 x 107,5 cm
  (haut de la corbeille).

Dans le tissu, couper :
- 1 fois le gabarit **A** (doublure fond)
- 1 rectangle **D** de 46 x 106,5 cm
  (doublure corbeille).

Réalisation

1. Marquer l'emplacement des œillets
sur la pièce **C** (voir schéma, planche **A**), puis fixer
les œillets en suivant les instructions du fabricant.
Coudre l'étiquette à la main à l'emplacement
souhaité, à environ 2 cm de la bordure inférieure
du haut de la corbeille. Sur l'endroit, tracer une ligne
à 0,7 cm de la bordure inférieure. Coller la bordure
supérieure de la pièce **B** (bas de la corbeille) le long
de cette ligne, envers contre endroit. Laisser sécher.
Surpiquer la bordure supérieure de la pièce **B** près
du bord. Assembler les côtés de la corbeille,
endroit contre endroit, pour former le tube,
et piquer. Écarter les marges de couture.

2. Diviser le tour du fond extérieur et la bordure
inférieure de la corbeille en 4 sections en traçant
des repères. Plier le bas de la corbeille de 0,7 cm
vers l'intérieur, puis entailler la marge de couture
à intervalles réguliers et coller sur le fond, endroit
contre endroit, en superposant les repères.
Laisser sécher, puis piquer les bords en resserrant
le corps de la corbeille. S'arrêter régulièrement
pendant la piqûre pour aplatir le tissu devant
le pied de biche. Dégarnir les marges de couture
Retourner la corbeille et la mettre en forme.

3. Pour les poignées, couper le cordon en 2
et enfiler les extrémités dans les œillets,
de l'extérieur vers l'intérieur. Faire un nœud très
serré à chaque extrémité et badigeonner
d'un peu de colle.

4. Repasser la bordure supérieure
de la pièce **D** pliée de 1 cm sur l'envers.
Assembler les côtés, endroit contre endroit,
et piquer. Écarter les marges de couture au fer.
Entailler la marge de couture de la bordure
inférieure en faisant tout le tour de la pièce
et épingler, endroit contre endroit, sur le fond
intérieur, puis piquer. Dégarnir les marges
de couture. Placer les marges sur l'envers
au niveau de la bordure supérieure.

5. Glisser l'intérieur de la corbeille
dans l'extérieur, envers contre envers,
coller les bordures supérieures ensemble
et surpiquer.

À PORTÉE *de main*

PORTE-REVUES ⊛⊛⊛

Dimensions : 10 x 30 x 60 cm
Gabarit : **A**, planche **A**

Fournitures

- 50 x 95 cm de Vegatex « Vintage » gris
- 40 x 70 cm de Vegatex « Basic » pierre
- 56 cm de ruban auto-agrippant noir de 2 cm de large
- 10 rivets en cuivre de 0,9 cm de diamètre
- Tampon « Losange » d'environ 2,7 x 3,5 cm
- Tampon encreur blanc
- Châssis de 1,7 x 30 x 60 cm
- Agrafeuse de tapissier
- 1 système de fixation pour cadre
- Plioir
- Ruban de masquage ou masking tape
- Ruban adhésif double face

Préparation

Reporter et découper le gabarit.
Les marges de couture de 0,5 cm sont incluses.

Coupe

Dans le Vegatex gris, couper :
- 2 fois le gabarit **A** (pochette). Cranter les marges de couture comme indiqué.

Dans le Vegatex pierre, couper :
- 1 rectangle **B** de 37,5 x 67,5 cm (fond).

Réalisation

1. Marquer au plioir toutes les lignes en pointillé sur les pochettes **A**. Sur le devant, protéger le tour de la zone à décorer avec du ruban de masquage et bien appuyer pour éviter que la peinture ne coule sous le ruban. Tamponner la zone avec le tampon losange et laisser sécher. Couper le ruban auto-agrippant en 2, puis coudre le côté velours sur le fond de la poche, en haut, sur l'endroit du Vegatex (fixer d'abord avec du ruban adhésif pour faciliter l'opération).

2. Surpiquer l'arrière de la poche à 2 cm de la bordure supérieure. Pour les coutures de côté au niveau du fond, placer de chaque côté le bord **a**, endroit contre endroit, sur le bord **b**, pour former le soufflet, et piquer les petits côtés. Retourner. Superposer ensuite les côtés **c** et **d**, envers contre envers, et piquer.

3. Tracer des lignes sur tout le tour de la pièce **B**, sur l'envers, et marquer les plis au plioir : à 1,7 cm et 3,5 cm de la bordure extérieure. Découper tous les angles comme indiqué sur le schéma, planche **A**. Cranter les marges de couture signalées par les ciseaux.

4. Poser le fond **B** sur le châssis et plier les arêtes pour les mettre en forme : rabattre d'abord le petit côté sur l'arrière du châssis, la marge de couture **a** se trouve sur le petit côté du châssis. Replier la marge de couture b sur l'envers, puis rabattre le long côté sur l'arrière du châssis. Retirer le fond du châssis et coudre la partie crochet du ruban auto-agrippant sur l'endroit du tissu comme indiqué sur le schéma, planche **A**. Enrouler la pièce pour pouvoir la coudre à la machine.

5. Pour les rivets, percer d'abord les trous aux endroits indiqués. Poser les poches sur le fond, les rubans auto-agrippants doivent être précisément superposés. Reporter la position des trous sur le fond et les percer. Fixer les poches sur le fond à l'aide des rivets en suivant les instructions du fabricant. Poser enfin le fond sur le châssis et agrafer les bords sur l'arrière. Poser en dernier le système de fixation pour cadre.

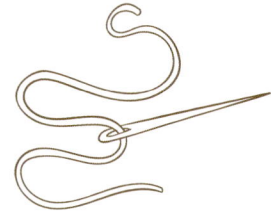

CONSEIL

Si vous n'avez pas de tampon losange, vous trouverez sur la planche A le gabarit d'un losange (C). En reporter le contour au crayon sur une gomme, puis sculpter la gomme en suivant le contour à l'aide d'un scalpel, sans la découper complètement mais seulement jusqu'à la moitié de son épaisseur environ. Le motif ressort ainsi parfaitement et se tamponne très bien.

DIABOLO *menthe*

 VALISETTE À JEUX ⊛ ⊛ ⊛

Dimensions : 10 x 20 x 28 cm
Gabarits : **A** à **G**, planche **B**

Fournitures

- 40 x 90 cm de Vegatex « Basic » blanc
- Chutes de coton rouge à pois blancs
- 70 cm de fermeture à glissière (au mètre) avec 2 curseurs
- 16 cm de ruban fantaisie turquoise de 1 cm de large
- Peintures indélébiles vert clair et bleu clair (textile ou acrylique par exemple)
- Pinceau
- Plioir
- Colle contact ou textile
- Ruban de masquage de 0,6 cm de large

Préparation

Reporter et découper les gabarits.
Les marges de couture de 0,7 cm sont incluses sur les pièces **A**-**D**. Couper d'abord avec un peu de marge, puis recouper précisément sur le contour extérieur après la peinture. De cette manière, on évite les coulures de peinture indésirables sur les arêtes intérieures.

Coupe

Dans le Vegatex, couper :
- 2 fois le gabarit **A** (côté)
- 1 fois le gabarit **B**, en symétrie (pour la partie centrale)
- 1 fois le gabarit **C**, en symétrie (pour la partie centrale)
- 1 fois le gabarit **D** (fond)
- 1 fois le gabarit **E** (disque)
- 1 fois le gabarit **G** (poignée).

Dans le tissu, couper :
- 1 fois le gabarit **F** (disque).
- Tracer l'étoile sur le disque **E** et la découper.

Réalisation

1. Peindre l'endroit des pièces de la manière suivante : pièces **A** et **B** en bleu clair, pièce **D** en vert clair. Couvrir les bandes **a** et **b** de la pièce **C** avec du ruban de masquage en appuyant bien pour que la peinture ne puisse pas couler en dessous, puis peindre le Vegatex en vert clair. Laisser sécher la peinture. Marquer le pli de toutes les lignes en pointillés sur l'envers des pièces **A** à **D**, ainsi que **G**. Pour la pièce **G**, plier aussi les lignes en petits points sur l'endroit.

2. Coller la fermeture à glissière, endroit contre envers, sur les longs côtés des rectangles **B** et **C** (une fois cousue, la fermeture reste visible sur 1 cm de large). Surpiquer sur l'endroit et couper les extrémités de la fermeture.

3. Plier les extrémités du ruban fantaisie sur l'envers, le coller au centre de la poignée et piquer près du bord. Coudre les extrémités de la poignée sur le rectangle **C**. Coller les petits côtés du fond **D**, envers contre endroit, sur les petits côtés des rectangles **B/C** en faisant correspondre les numéros, puis piquer sur l'endroit (partie centrale).

4. Encoller l'envers du disque **E**, puis poser l'endroit du disque **F** par-dessus et bien lisser. Surpiquer les contours de l'étoile. Coller le disque au centre du côté **A**, sur l'endroit, puis surpiquer près du bord.

5. Fixer la partie centrale sur le côté, endroit contre endroit, cranter les marges de couture de la partie centrale dans les arrondis. Il est conseillé de coller les marges de couture ensemble dans les arrondis. Monter l'autre côté de la même manière, en laissant la fermeture à glissière ouverte. Dégarnir les marges de couture dans les arrondis. Retourner la valisette et la mettre délicatement en forme depuis l'intérieur. Faire ressortir les angles et les arrondis avec le plioir ou un outil spécial pour les angles, en rabattant les marges de couture vers la partie centrale.

CONSEIL

Pour un aspect vieilli, froissez un peu le Vegatex « Basic » avant de le découper ou le laver (éventuellement le teindre à ce moment-là au lieu de le peindre par la suite), puis laissez sécher. Une fois lavé, le Vegatex est plus souple et la valisette sera ainsi plus facile à coudre. On peut aussi utiliser du Vegatex « Effekt », qui est déjà prélavé.

RÉCRÉATION *nomade*

BACKGAMMON DE VOYAGE ◉ ◉

Dimensions : 27 x 37,5 cm
Gabarits : **A** à **E**, planche **B**

Fournitures

- 40 x 40 cm de Vegatex « Effekt » marron
- Chutes de Vegatex « Effekt » blanc et pierre
- 30 x 40 cm de similicuir turquoise
- 35 cm de fermeture à glissière turquoise (au mètre) avec 1 curseur
- Chutes de Vliesofix
- Plioir
- Colle contact ou textile
- Ruban adhésif double face de 0,6 cm de large
- 2 œillets noirs avec rondelles de 0,4 cm de diamètre
- 1 m de ruban beige de 0,4 cm de large

Préparation

Reporter et découper les gabarits.
Les marges de couture sont incluses.
Appliqué : tracer d'abord le gabarit **D** sur le côté papier du Vliesofix, le découper en ajoutant une marge, le thermocoller sur l'envers du Vegatex et découper précisément sur la ligne.

Coupe

Dans le Vegatex marron, couper :
- 1 fois le gabarit **A**, en symétrie (tapis de jeu)
- 1 fois le gabarit **C**, en symétrie (trousse à jetons).

Dans le Vegatex pierre, couper :
- 2 fois le gabarit **E** (bride de fermeture)
- 12 fois le gabarit **D** (appliqués).

Dans le Vegatex blanc, couper :
- 12 fois le gabarit **D** (appliqués).

Dans le similicuir, couper :
- 1 fois le gabarit **B**, en symétrie (dessous).

Réalisation

1. Thermocoller les triangles **D** sur l'endroit du tapis **A** en veillant à bien alterner les couleurs côte à côte, mais aussi face à face, puis les piquer au point droit.

2. Percer un trou pour les œillets dans chaque bride **E**, puis coller les brides sur l'endroit du dessous **B** et surpiquer tout le tour près du bord. Poser le dessous, envers contre envers, sur le tapis, et piquer à 0,4 cm du bord. Fixer les œillets en suivant les instructions du fabricant. Couper le ruban en 2 et fixer chaque section aux œillets. Faire un nœud à environ 1 cm des extrémités et couper 2 fois le petit bout restant pour faire des franges.

3. Sur l'envers de la trousse **C**, marquer au plioir toutes les lignes en pointillé. Découper les petits côtés le long des zones **c** et **d**.

4. Ouvrir la fermeture à glissière et enlever le curseur. Fixer un morceau de ruban adhésif double face sur l'envers du dessus de la trousse le long de la ligne en pointillé. Poser les 2 côtés de la fermeture par-dessus, côté endroit en contact avec le ruban adhésif double face, et bien presser. Piquer les longs côtés sur l'endroit de la trousse. Remettre le curseur en place et fermer la glissière, puis piquer 3 ou 4 fois par-dessus le ruban à chaque extrémité afin que le curseur ne puisse pas glisser. Recouper les extrémités.

5. Sur le côté de la trousse, coller les zones suivantes, envers contre envers : d'abord **a** sur **b**, puis **c** sur **d**. Plier la partie **d** vers le haut et la coller sur la fermeture à glissière et sur le petit côté. Plier ensuite les parties triangulaires sur les côtés les unes après les autres et les coller. Encoller l'extérieur du fond de la trousse et la coller sur le tapis de jeu.

Note

Pour le jeu, il faut 15 jetons de 2 couleurs différentes, ainsi que 2 dés numérotés de 1 à 6. Une fois la partie lancée, chaque joueur essaie de ramener le plus rapidement possible ses jetons dans son dernier quart du tapis, les jetons se déplaçant en sens inverse sur le tapis. Le gagnant est celui qui a sorti le premier ses 15 jetons du jeu. Les règles complètes du jeu se trouvent facilement sur Internet.

CONSEIL

Au lieu d'être appliquées, les flèches peuvent également être peintes. Dans ce cas, coller des morceaux de ruban de masquage pour délimiter les zones triangulaires.
La trousse peut aussi servir à ranger des aiguilles à tricoter, des crochets, des pinceaux…
Il suffit d'agrandir le gabarit à la photocopieuse et d'adapter la longueur en conséquence.

DENTELLE *lumineuse*

 PHOTOPHORES ◉

Dimensions : 9 cm de diamètre x 10,5 x 13,5 cm
Gabarit : **A**, planche **B**

Fournitures

- 20 x 50 cm de Vegatex « Vintage » blanc
- 20 x 50 cm de Vegatex « Vintage » gris
- Machine à découper et embosser (par exemple Sizzix Big Shot) avec perforatrice pour bordure de 4 à 5 cm de large et environ 30 cm de long
- Plioir
- Colle contact ou textile
- 1 perforatrice papillon d'environ 3,5 x 5 cm pour le photophore blanc
- Cordon ciré blanc de 0,1 cm de diamètre

Préparation

Reporter et découper les gabarits.
Les marges de couture de 0,5 cm sont incluses.
Pour les pièces **B** et **C**, la hauteur est à adapter au choix. Pour la pièce **C**, découper d'abord un rectangle un peu plus grand que la dimension nécessaire à la fin, puis recouper la longueur une fois le poinçonnage réalisé.

Coupe

Dans le Vegatex gris :

- 1 fois le gabarit **A** (fond)
- 1 rectangle **B** de 7,5 x 29,5 cm (partie inférieure)
- 1 rectangle **C** de 5 x 29,5 cm (partie supérieure, dimension finale nécessaire).

Dans le Vegatex blanc, couper :

- 1 fois le gabarit **A** (fond)
- 1 rectangle **B** de 10 x 29,5 cm (partie inférieure)
- 1 rectangle **C** de 4 x 29,5 cm (partie supérieure, dimension finale nécessaire).

Réalisation

1. Poinçonner la partie supérieure du rectangle **C** en suivant les instructions du fabricant, puis assembler la bordure inférieure, envers contre endroit, sur la bordure supérieure de la pièce **B**. Piquer.

2. Plier le bas du photophore sur 0,5 cm sur l'envers. Rouler la pièce en tube, envers sur l'extérieur, en faisant se chevaucher les petits côtés, endroit contre envers, sur 0,7 cm.

3. Tracer 4 repères à équidistance sur le pourtour du fond et de la bordure inférieure. Découper des encoches d'environ 0,5 cm tout autour de la bordure inférieure, dans la marge de couture. Replier vers l'extérieur, puis coller endroit contre endroit sur l'extérieur du fond en superposant bien les repères. Si nécessaire, déplacer la partie côté avec la main, de l'intérieur vers l'extérieur, pour bien aligner les bordures.

4. Laisser sécher, puis piquer en resserrant le corps du photophore. S'arrêter régulièrement pendant la piqûre pour aplatir le tissu devant le pied de biche. Dégarnir les marges de couture à 0,2 cm.

5. Retourner le photophore. Comme le Vegatex ne s'étire pas, il est un peu difficile de retourner l'ouvrage – ne pas hésiter à forcer un peu, c'est un matériau résistant. Mettre les coutures en place en écrasant plusieurs fois l'arête du fond avec le doigt jusqu'à ce que la couture soit bien centrée.

6. Pour le photophore blanc, découper un papillon dans du papier blanc et le coller à l'intérieur de la partie inférieure du photophore. Enrouler 3 fois le cordon sous la bordure perforée et le coller, puis nouer les extrémités ensemble. Placer la bougie chauffe-plat dans une verrine pour plus de sécurité.

CONSEIL

Ces photophores peuvent très bien servir de pots à crayons ou de cache-pot pour de petites plantes. Si l'on place un verre d'eau à l'intérieur, ils peuvent aussi faire office de vase pour des fleurs coupées.

ARTISTE *en herbe*

TROUSSE À CRAYONS ⊚

Dimensions : 5,5 x 7,5 x 19 cm
Gabarits : **A-B**, planche **A**

Fournitures

- 30 x 35 cm de Vegatex « Effekt » pierre
- Chutes de coton vert à pois blancs
- 1 fermeture à glissière fuchsia et turquoise de 30 cm de long et 3,5 cm de large
- Chutes de Vliesofix
- 4 boutons-pression « Color Snap » turquoise de 1,24 cm de diamètre
- Plioir
- Colle contact ou textile
- Ruban adhésif double face de 0,6 cm de large

Préparation

Reporter et découper les gabarits.
Les marges de couture sont incluses.

Coupe

Dans le Vegatex, couper :

- 1 fois le gabarit **A**, en symétrie (trousse).

Dans le tissu, couper :

- 1 fois le gabarit **B** (appliqué). Appliqué : tracer d'abord le gabarit **B** sur le côté papier du Vliesofix, le découper en ajoutant une marge, le thermocoller sur l'envers du Vegatex et recouper précisément sur la ligne.

Réalisation

1. Sur l'envers de la trousse, marquer au plioir les lignes en pointillé (plier les lignes en petits points sur l'endroit) et déplier. Couper les petits côtés entre **b** et **d**. Thermocoller le chien à l'endroit souhaité sur le côté de la trousse, puis surpiquer au point droit, près du bord.

2. Fixer un morceau de ruban adhésif double face sur l'envers du dessus de la trousse, sur les longs côtés externes. Poser l'endroit de l'un des côtés de la fermeture à glissière contre le ruban adhésif double face et presser en veillant à ce que les arrêts supérieurs de la fermeture se trouvent bien sur le trait repère (une fois cousue, la fermeture est visible sur 2 cm). Piquer le long côté sur l'endroit au point zigzag. Ouvrir la fermeture et piquer l'autre côté de la même manière.
Couper les extrémités du ruban.

3. Sur le petit côté de la trousse, coller les zones suivantes, envers contre envers : d'abord **a** sur **b**, puis **c** sur **d**. Fixer les boutons-pression en suivant les instructions du fabricant.
Encoller ensuite les parties triangulaires **c** et les coller les unes après les autres sur la fermeture à glissière et sur le petit côté. Plier la partie **b** vers le haut et fermer les pressions.

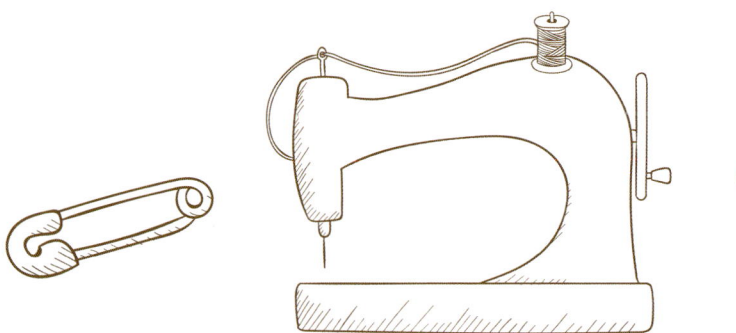

ROCK'N *roll*

HOUSSE POUR TÉLÉPHONE PORTABLE ◎ ◎

Dimensions : 9,5 x 14,5 cm
Gabarits : **A** à **C**, planche **A**

Fournitures

- 20 x 25 cm de Vegatex « Vintage » sable
- Morceau de vêtement en jean usé (pantalon par exemple) ou chute de denim
- Colle contact ou textile
- 2 rivets de 0,9 cm de diamètre et 1 petite étiquette (si la pochette **C** doit être réalisée de toutes pièces)

Préparation

Reportez et découper la pièce **A** sans ajouter de marge de couture. Les pièces **B** et **C** comprennent une marge de couture de 1,5 cm en haut et de 1 cm sur les côtés et en bas. Placer la pièce **B** à l'endroit souhaité sur le vêtement en jean, si possible sur une poche plaquée. C'est particulièrement joli si l'on peut intégrer une couture du vêtement d'origine sur la bordure supérieure de la housse. S'il y a des coutures sur la zone sélectionnée, couper les marges de couture en biais aux extrémités. Recouper éventuellement la doublure sur les bords pour que la pièce soit moins épaisse. Ne couper la pièce **C** que s'il faut fabriquer la pochette.

Coupe

Dans le Vegatex, couper :
- 2 fois le gabarit **A** (devant et dos de la housse).

Dans le jean, couper :
- 1 fois le gabarit **B** (poche)
- 1 fois le gabarit **C** (pochette).

Réalisation

1. (Ne pas faire l'étape 1 si la pièce **B** découpée dans le vêtement comprend déjà une poche.) Surfiler le bord supérieur de la pochette **C** et plier 1,5 cm sur l'envers, puis repasser. Couper les marges de couture en biais aux extrémités, puis surpiquer sur l'endroit à 1 cm du bord. Replier et repasser d'abord les bords inférieurs, puis les côtés (voir le schéma sur la planche **A**). Poser la pochette, envers contre endroit, sur la poche **B**, intercaler l'étiquette entre les 2, puis piquer la pochette près du bord, en laissant la bordure supérieure ouverte. Faire éventuellement une piqûre fantaisie. Fixer les rivets en suivant les instructions du fabricant.

2. Surfiler les bords de la pièce **B** (avec des ciseaux cranteurs, au point de surjet ou au point zigzag). Plier le bord supérieur sur 1,5 cm sur l'envers et repasser. Couper les marges de couture en biais aux extrémités, puis surpiquer sur l'endroit à 1 cm du bord.

3. Plier de 1 cm le bord inférieur de la poche sur l'envers et repasser. Couper les marges de couture en biais aux extrémités, puis poser la pièce, envers contre endroit, sur le devant de la housse **A** et piquer le bord inférieur sur l'endroit, près du bord du tissu. Plier les côtés du jean sur l'envers du devant de la housse et les coller.

4. Assembler le devant et le dos de la housse, envers contre envers. Fixer éventuellement les côtés et la bordure inférieure avec de la colle et piquer près du bord. Arrondir un peu les 3 angles visibles du Vegatex.

Note

Pour déterminer les dimensions nécessaires en fonction de la taille du téléphone, faire le calcul suivant :
Hauteur : hauteur du portable + épaisseur + 0,5 cm de marge de couture sur le bas + environ 1 cm de marge sur le haut (au choix)
Largeur : largeur du portable + épaisseur + 1 cm de marge de couture (2 x 0,5 cm sur les côtés)

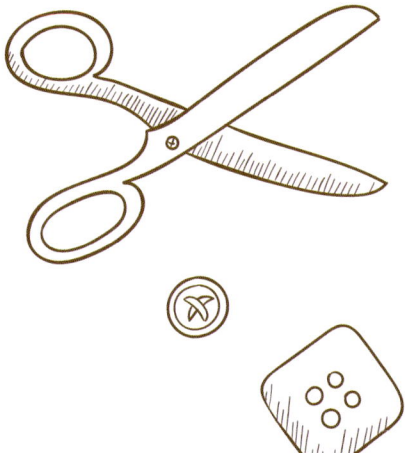

GÉNÉRALITÉS *techniques*

Entretien du Vegatex

LAVAGE

Tous les Vegatex peuvent passer à la machine à 60 °C maximum avec une lessive standard. Ils ne décolorent pas. L'utilisation d'adoucissant est proscrite si l'on prévoit de thermocoller ensuite un appliqué sur le Vegatex.

Le Vegatex « Basic » rétrécit un peu au lavage parce qu'il se rétracte légèrement en formant de petits plis. Il prend ainsi l'apparence et la texture du cuir, il devient plus souple et un peu moins résistant. On peut limiter la formation de plis en réduisant la vitesse d'essorage. Pour obtenir des plis plus marqués, malaxer et froisser le matériau quand il est encore humide. Pour certaines techniques, il est conseillé d'utiliser du Vegatex « Basic » non lavé pour obtenir un joli résultat. Pour conserver une surface lisse, nettoyer l'article seulement à l'eau courante, et non à la machine.

Le Vegatex « Vintage » se détend un peu au lavage, les pièces ne doivent donc pas être cousues ensemble quand elles sont humides. En séchant, elles reprennent leurs dimensions initiales.

SÉCHAGE/REPASSAGE

Le Vegatex peut passer au sèche-linge, l'effet froissé va être renforcé par rapport à un séchage à plat. Pour le lisser, repasser à la vapeur à chaleur moyenne-forte. L'opération est encore plus probante lorsque le matériau est humidifié au préalable ou repassé immédiatement après lavage, encore humide. Il conserve alors sa texture « cuir ».

STOCKAGE

Pour éviter l'apparition de plis indésirables, ranger le Vegatex enroulé ou à plat.

CONSEIL

Lavez toujours les tissus qui vont être utilisés avec le Vegatex avant de les coudre ensemble pour éviter qu'ils ne rétrécissent par la suite. Cette opération est facultative pour les objets de décoration qui ne sont pas destinés à être lavés. Le Vegatex s'associe très bien avec les tissus rigides, comme les cotons épais, le lin, le jean, la toile de jute, les toiles de coton, mais aussi avec la toile cirée et le feutre.

Techniques et matériel

REPORTER LES PATRONS

Poser du papier spécial patrons (ou du papier calque, du papier sulfurisé…) sur la planche à patrons ou sur le motif et tracer les contours ainsi que tous les repères au crayon. Les petites pièces peuvent aussi être photocopiées. Découper les pièces, les poser sur le Vegatex et en tracer les contours avec une craie, un crayon ou un marqueur effaçable.

Différentes solutions sont possibles pour reporter les lignes intérieures et les repères, notamment avec du papier calque carbone, disponible en plusieurs couleurs. Si l'on peut reporter les lignes sur du tissu à l'aide d'une roulette à patron, il est préférable d'utiliser la pointe ronde d'une aiguille à tricoter qui ne laisse pas de petits creux dans le Vegatex. Les lignes de pliure sont reportées facilement en les retraçant sur le papier au stylo à bille, ce qui laisse une légère empreinte sur le Vegatex.

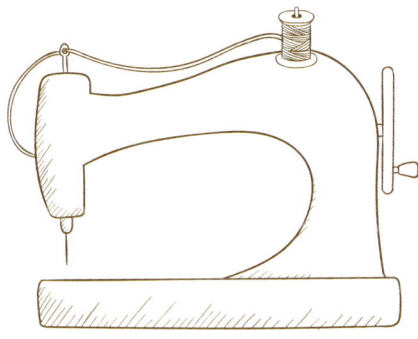

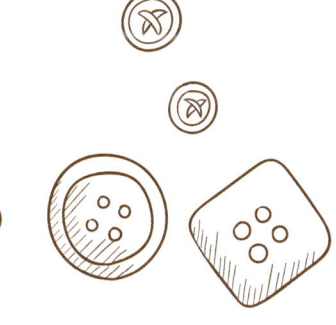

PRÉPARATION

Le Vegatex se coupe avec les instruments habituels : ciseaux, cutter, cutter rotatif, scalpel. Il est tout à fait possible de découper des formes précises. Le Vegatex ne s'effiloche pas. Même les bandes très étroites, d'environ 0,3 cm, pour les glands ou pour un tressage par exemple, sont très solides.

Un cutter rotatif et une règle permettent de couper rapidement et avec précision des bords bien droits. Les règles à patchwork et les équerres sont très pratiques pour couper les bandes et les formes géométriques, et comme ces outils sont transparents, il est possible de se passer des repères. Dans tous les cas, utiliser un tapis de découpe pour protéger la table.

Les bords peuvent être découpés avec des ciseaux cranteurs fantaisie. Les outils spécialement prévus pour le tissu ne doivent pas être utilisés pour couper le Vegatex car il contient du papier, qui finirait par émousser la lame.

FIXER ET COLLER

Pinces : comme les piqûres restent visibles sur le Vegatex, les épingles ne doivent être positionnées que dans les marges de couture. Les pinces à tissu (« Wonder clips ») sont parfaites pour assembler 2 pièces. On peut aussi utiliser des trombones, mais ils tiennent moins bien et ne sont donc utilisables que pour les bords droits.

Colle : les colles textile ou les colles contact permettent de coller rapidement et durablement des pièces ensemble. Lorsque la position ou la forme des pièces rend difficile l'utilisation de pinces, il est conseillé de les fixer avec de la colle avant de les coudre. On peut aussi utiliser de la colle à bois ou de la colle à chaud pour les objets de décoration.

Ruban adhésif : le ruban adhésif double face transparent (type « Wonder Tape », de 0,4 et 0,6 cm de large) permet d'assembler provisoirement 2 pièces qui ne peuvent pas être tenues avec des pinces. C'est très pratique pour les poches plaquées, les rubans décoratifs et les fermetures à glissière. Il est lavable et ne laisse aucune trace.

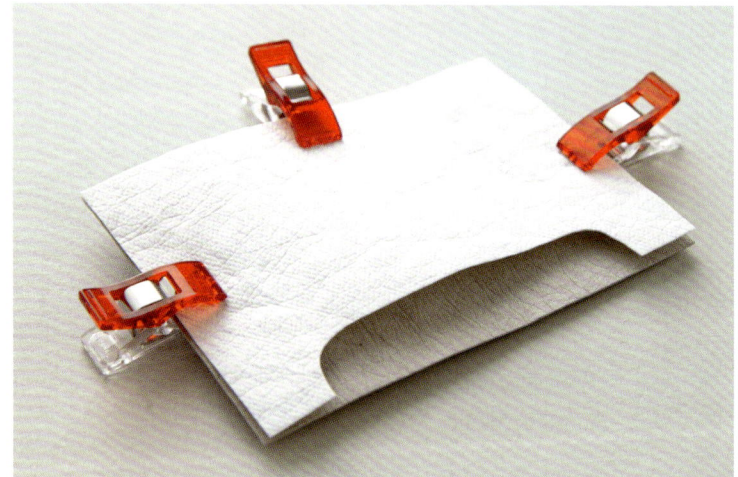

CONSEIL
Conservez toutes les chutes, même les plus petites. Elles peuvent servir à faire des détails fantaisie sur les vêtements, mais aussi des tirettes de fermetures à glissière, des étiquettes, des ornements, des étiquettes cadeaux…

COUDRE À LA MACHINE

COUTURE : QUELQUES CONSEILS

Le Vegatex se coud avec une machine standard. On peut aussi utiliser une surjeteuse, mais en désactivant la fonction coupe pour éviter d'émousser la lame de la machine.

Réglage du point : pour la plupart des projets, il est conseillé d'utiliser le point droit avec une longueur de 3 à 3,5 mm afin que le Vegatex ne soit pas trop perforé. Selon l'usage prévu et le rendu souhaité, on peut aussi choisir une longueur de point plus courte. Si l'on assemble plusieurs épaisseurs, la longueur du point doit être réglée à 4 mm. Pour les coutures visibles sur l'extérieur, utiliser un point droit triple si l'option est disponible sur la machine.

Tension du fil : choisir la tension standard.

Aiguilles : une aiguille universelle (n° 70) permet d'assembler sans problème 2 épaisseurs de Vegatex. Utiliser une aiguille plus grosse s'il y a plus d'épaisseurs.

Pied de biche : en raison de sa faible épaisseur, le Vegatex ne requiert pas de pied de biche spécial.

Fil à coudre : un fil universel est tout à fait adapté pour les coutures normales. Pour une couture fantaisie, utiliser éventuellement un fil à broder à la machine ou un fil fantaisie.

Pour que les pièces en Vegatex se retournent mieux et qu'elles restent bien à plat pendant la couture, il est conseillé de les plier au préalable le long des lignes indiquées sur les patrons (voir page 59).

Comme les piqûres de l'aiguille restent visibles, il est préférable d'éviter le plus possible de les défaire. Bien arrêter le fil au début et à la fin de la couture. Aux endroits visibles, utiliser de préférence la touche « point d'arrêt » si la fonction est disponible sur la machine. Autrement, tirer le fil supérieur sur l'envers et faire un nœud avec les 2 fils. Si les objets cousus risquent d'être fortement sollicités, comme les sacs par exemple, les coutures ne doivent pas se situer trop près du bord du tissu car elles risquent de se déchirer.

Selon l'usage prévu et/ou le rendu souhaité, le Vegatex peut être travaillé tel quel ou après prélavage. Certains modèles sont plus faciles à réaliser quand le matériau est humide (c'est indiqué dans les instructions), soit immédiatement à la sortie du lave-linge, soit après avoir été vaporisé d'eau.

Il est conseillé de toujours faire un essai de couture sur des chutes, en utilisant les mêmes matériaux et le même nombre d'épaisseurs que le projet envisagé.

BRODER

Le Vegatex peut être brodé à la machine à coudre ou à broder, mais il faut placer un entoilage spécial broderie sur l'envers. Il est recommandé d'utiliser un entoilage thermocollant qui se déchire une fois la broderie réalisée. Pour les points décoratifs comme pour les motifs plus grands, le résultat sera plus réussi si la broderie n'est pas trop serrée. Par conséquent, il est préférable d'utiliser une vitesse assez lente, un fil à broder spécial machine et une aiguille neuve, et de réaliser un essai sur une chute.

Pour les ornements avec du fil à broder spécial machine ou un fil fantaisie, installer une aiguille pour broderie pour éviter que le fil s'enroule et se casse. Pour réaliser des coutures fantaisie et des broderies brillantes et bien visibles, on peut utiliser du fil métallisé. Dans ce cas, il est indispensable de prendre une aiguille métallique dont le chas spécialement poli permet au fil de bien glisser.

Les coutures réalisées à la main sont également très esthétiques. Les trous peuvent être pré-percés (mais ce n'est pas obligatoire), si possible sur l'endroit pour un résultat plus net. Les bords droits peuvent être facilement et uniformément pré-percés à la machine à coudre avec une aiguille assez grosse, une grande longueur de point, et sans fil. Pour un effet décoratif, utiliser par exemple du fil pour boutonnières, du fil à broder ou du fil ciré d'une couleur contrastante.

Note
Prélaver le Vegatex « Basic » si le modèle terminé doit pouvoir ensuite être nettoyé à la machine.

SURFILER

Il n'est pas nécessaire de surfiler ni d'ourler les bords du Vegatex car il ne s'effiloche pas. Les bords bruts sur l'extérieur de l'objet réalisé correspondent d'ailleurs tout à fait au style de ce matériau.

RETOURNER

Il n'est pas facile de retourner les pièces en Vegatex car il ne s'étire pas et est relativement rigide, surtout le « Basic ». Selon la forme, il faut avoir un peu de force et de patience pour retourner l'objet cousu, mais ce matériau robuste peut être manipulé avec énergie sans risque. L'opération est plus aisée quand le Vegatex est légèrement humide.

Si l'on préfère travailler avec du Vegatex sec, il faut pré-plier les lignes de couture le long des bords (voir page 59) avant de coudre. De cette manière, les coutures se remettent mieux en place une fois l'objet retourné.

Les coins et les coutures doivent être mis en place très délicatement en utilisant de préférence un outil spécial pour former les angles. La marge de couture peut être surpiquée afin de se placer bien à plat sur l'envers.

Termes techniques

Piquer/surpiquer : coudre à la machine au point droit.

Piquer de la largeur du pied de biche ou près du bord : aligner précisément le bord du tissu ou du Vegatex avec le côté droit du pied. Piquer près du bord signifie coudre à environ 2 mm du bord du tissu ou de la couture.

Marge de couture : distance entre la ligne de couture et le bord de la pièce ou du Vegatex/tissu. Les instructions précisent si la marge de couture est comprise dans les patrons ou si elle doit être ajoutée.

Chiffres et repères : lors de l'assemblage des pièces, toujours superposer précisément les chiffres et les repères identiques.

Endroit/envers : le dessus du tissu qui est visible sur l'extérieur une fois le modèle terminé est appelé « endroit », l'autre face est l'« envers ».

Endroit contre endroit : placer l'endroit d'une pièce en Vegatex/tissu sur l'endroit d'une autre pièce, les 2 envers se trouvent ainsi sur l'extérieur.

Techniques décoratives

PLIER

Le Vegatex se plie très bien, sans se déchirer. Pour faciliter le pliage, réaliser une rainure le long de la ligne repère, idéalement avec une règle et un plioir. On peut aussi utiliser un crayon pour embossage à pointe fine. Le Vegatex plié ne doit pas être lavé.

TEINDRE

Le Vegatex peut être teint à la machine avec une teinture spéciale textile. Toutes les couleurs sont possibles. Pour les teintes les plus claires, il est préférable de prendre du Vegatex blanc. Pour les nuances plus originales, le batik par exemple, le bain de teinture doit être préparé dans un saladier ou dans un seau. Il est conseillé de ne couper le Vegatex « Basic » qu'après l'avoir teint car il rétrécit un peu.

PEINDRE

Le Vegatex peut être peint de différentes manières. Pour cette technique, utiliser de préférence du « Basic » non lavé. On peut appliquer la peinture, par exemple acrylique ou spéciale tissus, au pinceau, ou utiliser des feutres ou des marqueurs à peinture liquide. Si l'article réalisé doit être lavé par la suite, il faudra choisir des peintures indélébiles. On peut aussi utiliser des crayons de couleur, des feutres, des feutres-gel et des crayons à papier, ainsi que des peintures à l'eau ou de l'aquarelle. La zone peinte peut être traitée avec un fixatif en spray pour la protéger des salissures.

TAMPONNER

Si l'article cousu doit être lavable, il faut utiliser une encre indélébile.
Les zones non encrées des tampons peuvent être coloriées dans un second temps avec des crayons de couleur. Les impressions au tampon fonctionnent mieux sur le Vegatex « Basic » lisse non lavé. Au contraire, si la surface est texturée, le résultat peut présenter quelques irrégularités qui donneront un aspect usé (voir par exemple le porte-revues page 40).

On peut très rapidement fabriquer de petites étiquettes en découpant les formes souhaitées dans le Vegatex, puis tamponner de jolis motifs dessus.

IMPRIMER

Le papier transfert thermocollant permet d'imprimer très facilement des photos, des illustrations et des dessins sur du Vegatex.
Pour obtenir un joli résultat, laver d'abord le Vegatex (sans adoucissant) et le repasser. Il existe des papiers adaptés selon la couleur du Vegatex (claire ou foncée). Imprimer d'abord le motif choisi sur le papier transfert avec une imprimante à jet d'encre. Penser à mettre les écritures à l'envers pour qu'elles apparaissent dans le bon sens à la fin.
Laisser sécher, puis enlever le film protecteur et transférer le motif sur le Vegatex en repassant le papier à la température la plus élevée possible.

Note
Il est très facile de fabriquer soi-même des tampons simples, comme pour le porte-revues page 40.

PERFORER

Pour les petits motifs simples, on peut utiliser des perforatrices manuelles.
Toutes les qualités de Vegatex peuvent être perforées de cette manière.
Les motifs plus grands ou très détaillés comme les bordures doivent être réalisés avec une machine de découpe (voir la photo « Couper et embosser »).

COUPER ET EMBOSSER

Avec les matrices adaptées, les machines de découpe et d'embossage permettent en une seule opération de découper des formes et d'embosser le Vegatex avec des motifs, même complexes. Toutes les qualités de Vegatex peuvent être utilisées. En encrant la matrice avec un tampon-encreur, on obtient de superbes effets de couleur. Le Vegatex ainsi préparé ne doit pas être lavé, au risque de tout effacer.

COUPER AU PLOTTER

Les plotters de découpe électriques permettent de découper n'importe quelle forme dans du Vegatex, du tissu ou tout autre matière. Les plotters servent aussi à perforer, embosser et dessiner. Les motifs ainsi réalisés, par exemple en floc, en flex ou en film pailleté, peuvent être thermocollés de manière très créative sur du Vegatex. Dans ce cas, il est conseillé d'utiliser du Vegatex « Basic » lisse.

CONSEIL
Une pince à perforer permet aussi de réaliser très simplement toutes sortes de bordures décoratives.

FOURNISSEURS

L'auteure remercie les entreprises suivantes de lui avoir fourni le matériel nécessaire à la réalisation de cet ouvrage :

Buntpapierfabrik Ludwig Bähr GmbH & Co. KG, www.ludwigbaehr.de (Vegatex)

Baier & Schneider GmbH & Co. KG, www.knorrprandell.com (articles de loisirs créatifs)

Coats GmbH, www.makeitcoats.com (tissus)

Freudenberg Vliesstoffe KG, www.vlieseline.de (entoilages)

Gütermann GmbH, www.guetermann.com (tissus, fils)

Heindesign, www.heindesign.de (tampons et accessoires)

Prym Consumer GmbH, www.prym-consumer.com (mercerie)

Rayher Hobby GmbH, www.rayher-hobby.de (articles de loisirs créatifs)

les éditions de saxe
13, rue Jules Verne
CS 40205 - 69630 Chaponost
www.edisaxe.com

© les éditions de saxe 2017
Traduction : Marion RICHAUD-VILLAIN

Publié pour la 1re fois en 2016 par © Frechverlag GmbH, Stuttgart, Allemagne, sous le titre « Nähen mit Vegatex – Ideen für Leder ohne Tier ».

Auteure : Karin ROSER
Photos : Frechverlag GmbH ; Lichtpunkt GmbH, Michael RUDER
Éditeur : Nina ARMBUSTER
Rédaction : Lisa-Marie WEIGEL
Mise en page : Killian SALOMON

IDÉES COUTURE EN PAPIER VEGAN
MAGIC 033 – ISBN : 978-2-7565-3087-1
Imprimé en R.P.C.
Dépôt légal : à parution

L'AUTEURE : KARIN ROSER

Dès l'âge de 9 ans, Karin Roser a développé une grande passion pour la couture qui est restée comme un « fil rouge » dans sa vie.
Ce qui l'intéresse d'abord, ce n'est pas tant le résultat, mais plutôt la réalisation, la découverte, l'acte de coudre en lui-même.
Elle travaille depuis de nombreuses années comme rédactrice freelance, designer et auteure spécialisée dans les domaines des activités familiales et des loisirs créatifs, pour différents magazines spécialisés et ouvrages de grands éditeurs. Et comme elle aime partager son amour pour le DIY, en particulier en petits groupes, elle anime aussi des ateliers de couture. Elle y transmet son goût pour l'upcycling et essaie de montrer tout le potentiel des objets usagés.